連大人也不懂？

性教育圖鑑

野島那美◎監修／曾盈慈◎譯

晨星出版

了解「性」，也是理解「生命」

大家可曾想過，生命的源頭在哪裡呢？
生而為人，
生命的旅程從一顆名為「受精卵」的細胞開始。
是誰孕育出新生命？
答案是爸爸的精子和媽媽的卵子。
多數情況，爸爸媽媽相親相愛，
精子與卵子得以相遇，
誕下了「受精卵」。

在媽媽肚子裡的受精卵，逐漸長成為嬰兒。
在肚皮裡受到無微不至的照顧，
隨著日子過去，不斷的長大，
最後「哇——！」地一聲，降臨在世界上。
沒有爸爸媽媽，就無法孕育出新生命。
「性」就是形塑生命、奇蹟般的旅途。
在這個奇蹟中誕生的每一個生命，
都是獨一無二的存在。

孩子從父母手上接下「生命的接力棒」

好比爸爸的精子與媽媽的卵子造就了你，
我們就好像在淵遠的歷史當中，
跑一場生命的「接力賽」，
將生命生生不息地傳承下去。

不只是人類，
小狗、小貓、大象或大熊貓等也是。
從父母手上握下接力棒的孩子們，

將物種一代又一代延續至今。
大家都會經歷成長的過程，
長為成年男性與成年女性，
長大之後，
每個人都有機會與自己心儀的對象，
繼續將「生命的接力棒」
傳遞給自己的下個世代。

學校都不教！「身體與性」的祕密。

「小嬰兒是怎麼來的？」
「小雞雞怎麼變大了？」
「月經（生理期）是什麼呀？」
成長階段，孩子們會對身體與心靈萌生各種煩惱與疑惑，
人們都是在困惑中逐漸成長，
而解開這些問題，
能讓孩子們獲取成長必不可少的知識。

為什麼最近
總是特別愛生氣？
小嬰兒從哪裡來？

胸部
怎麼會脹大？

小雞雞怎麼
變大了？

只是，許多學校的課程
並不會針對這些疑問，
給予孩子們正面的解答。
男孩子不能只管「男兒事」，
也得讀懂女生的身體與心事；
女孩子不能只懂「女人心」，
也得理解男生的身體與想法。
掌握正確的性知識後，
一定會比懵懂無知的時候，
更加珍惜自己的身心靈。

月經（生理期）
是什麼呀？

致孩子的守護者們

本書的宗旨在於，讓孩子發覺自己的非凡之處，開創屬於自己的人生道路……

「你現在可能覺得很煩，但三年後一定能理解，媽媽現在教你的事情有多麼重要！」

這段話出自我就讀國二的大女兒之口。當時我正在為小五、剛進入青春期的二女兒上性教育課。

我想讓孩子們知道自己值得被愛、是獨一無二的存在。試圖教導二女兒關於生命、愛與保護自身的方式時，女兒百般不耐煩，我也不知該從何教起，束手無策……

此時，正值青春期的國二女兒所說的話，彷彿一劑強心針，給足了我勇氣。

每個孩子都在尋找能全心信賴的大人。每一個懵懂無知的生命都想多了解自己，也想與人生道路上的前輩們聊聊身體與戀愛的煩惱，找人傾訴自己的困惑。

說是這麼說，對沒接受過完整性教育的現代父母而言，人們普遍會撞上「該怎麼教」的高牆。

「我知道性教育的重要性，但對著孩子就是難以啟齒……」

「他們會想從父母口中知道這些嗎？」

「就算我們不教，他們總有一天會學會吧？」

希望有這些想法的監護人，在閱讀這本書之後，願意「為了孩子」改變自己既有的價值觀——正是這股念頭，促使我寫下這本書。

日本的小孩肯定自己的程度，絕對是先進國家中的最後一名。我深信，唯有性教育可以翻轉僅有10％孩子願意肯定自我價值的現狀，同時改變教育環境。

孩子們身處的環境與我們成長的時空背景大相逕庭，這是一個用社群「讚數」、訂閱數、學校PR值等「數字」決定一個人價值的時代。如何陪伴孩子走過「容易陷入數值迷思的那幾年」？周遭的大人如何為孩子們打造適切的生活環境？我們能與孩子分享哪些話題？家長們的課題多不勝數。

青春期的自我評價與價值觀，影響了成年後的自我認同，同時建立行走社會的能力，完成自我實現、自我充實等，知識能成為孩子成就人生的力量，因此，培養正確觀念刻不容緩。

由衷希望本書能幫助家長與孩子們建立融洽的親子關係。

野島那美

目次

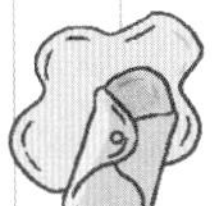

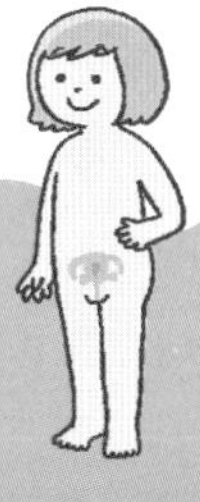

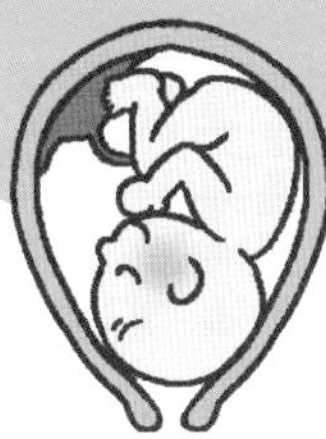

Part 3 守護身心靈的五大守則

身心小專欄

「泳衣領域」是Terakoyakids公司的註冊商標。（商標註冊號6192046）

Part

1

從小開始學習 性與成長的知識

青春期是孩子們
身心靈逐漸長大成人的重要時期，
好好享受成長的樂趣吧！

人類的「生命」跟「性」有什麼關係？

眾多奇蹟造就每一個生命；你也是奇蹟所創造的寶物。

代代相傳的生命接力棒

每個人的身體是由60兆個小細胞所組成。能想像60兆是多少嗎？舉例來說，地球上住著80億人類，一個人體內的細胞數量，可是地球總人口的7500倍之多！

而這60兆個細胞的源頭只**是一個小細胞**，那就是**男人的精子與女人的卵子相遇後誕生的「受精卵」**（第30頁）。

男生與女生要在廣大的世界裡相遇、彼此相戀，已經是難能可貴的奇蹟。兩人的精子與卵子相遇，結合成受精卵，隨後在女生的肚子裡成長，最後誕生在這世界上。這個過程，若不是集合了**幾億、幾兆個奇蹟，也不會發生**。

你就是成千上萬，甚至上兆個奇蹟誕下的生命，是世界上絕無僅有、獨一無二的存在。

讀到這裡的你，或許正值蛻變成人的青春期，在身體與心靈獲得滋養之後，無論是誰，都能成為成熟的大人。

父母賦予我們生命，我們可能也會創造新生命。爸爸媽媽生下小孩，孩子們又誕下孫子，**生命彷彿接力賽一般，一代傳承一代**。

而這場「生命接力賽」的起跑點，就在「性」的過程。

生命的起點從一顆受精卵開始

總之

因為精子和卵子相遇，孩子才能從父母手中接下「生命的接力棒」，繼續傳承給未來的小孩。

怎樣才算是長大成人？

聽到「大人」這個詞彙，大家腦海裡會浮現什麼樣的畫面呢？其實，前往大人的旅途，會經歷各種不同的人生階段。

青春期逐漸成熟的「身體」與「心靈」

青春期是孩子們漸漸「轉大人」的重要時期。然而，怎麼樣才算成熟的大人呢？

說是「大人」，卻沒有統一的定義，長大成人的標準百百種。

先說說**「身體」上的發育**。當男孩發生初精（第72頁），女孩迎來初潮（第48頁），**人們的身體便具備了生兒育女的機能**，各部位紛紛出現成長的指標，像身高抽高，腋下、生殖器官等地方長出體毛。

接著是**「心靈」上的成熟**。有沒有發現，當邁入青春期，人際關係、戀愛、自我認同及離巢獨立的煩惱隨之而來。我們經歷的各種心境，就是讓心靈慢慢長大的必經之路。你會體會到愉悅與傷悲，**學著跨越心境上的關卡，逐漸對周遭產生同理心，直到能肩負社會責任**，此時，你已蛻變為成熟穩重的大人了。

最後是「法律」所定義的成人。中華民國的法律規定，**年滿18歲後，就是獨當一面的成年人**。成年後，就能自己去申辦信用卡、護照或與他人簽立契約。

從法律的角度來看，跨過某個年齡，無論是誰都已長大成人。然而，**身心靈轉大人，得經歷青春期**，在成長的煩惱裡摸索，依照自己的步調慢慢前行。

三種「大人」

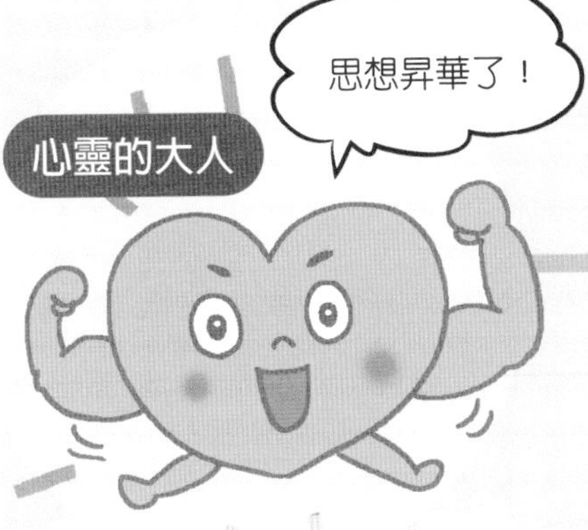
思想昇華了！
心靈的大人

心靈上的成長，變成自立自強的大人。

身體的大人
身高也
變高了！

歷經初經與初精，身體就具備繁衍後代的機能了。

明明都是大人，
定義卻不同呢。
加入成人的
行列了！
恭賀成年

法律上的大人

自2023年1月起，「年滿18歲」就是法律上的成年人了。

總之

除了身體與心靈的大人，還有法律上的大人。青春期時，身體與心靈都會逐漸成熟。

每個人的成長歷程都相同嗎？

你或許會與別人做比較，對自己的成長感到焦慮，
但身心靈轉換成大人的旅途裡，風景各自美麗。

每個人都跟自己一樣有過青春煩憂

身心靈轉大人的青春期何時會來報到？其實，**每個人迎接這段改變的時間點不盡相同**。

女生或許會比男生早一點出現青春期的徵兆，有人早在10歲前就先有了變化，但也有人國中畢業以後才開始體驗。

好比每個人的長相各有特色，**每個孩子的成長經歷也各有不同**。

男生總是害怕自己的身高長得比同齡朋友還慢，思想也較晚開竅；女生則怕生理期來得比好姊妹更晚，也擔憂胸部有沒有長大。

相反地，**比同齡人早熟的孩子也有自己的煩惱**。鬍鬚、腿毛比別人濃密而感到難為情，也有人為胸部脹大、月經報到感到不便。

人人都會經歷成長的轉變，但是，身體上的變化當然各有快慢。**要學會循著自己的步調，勇敢做自己，享受長大成人的樂趣**。

條條大路通「成長」

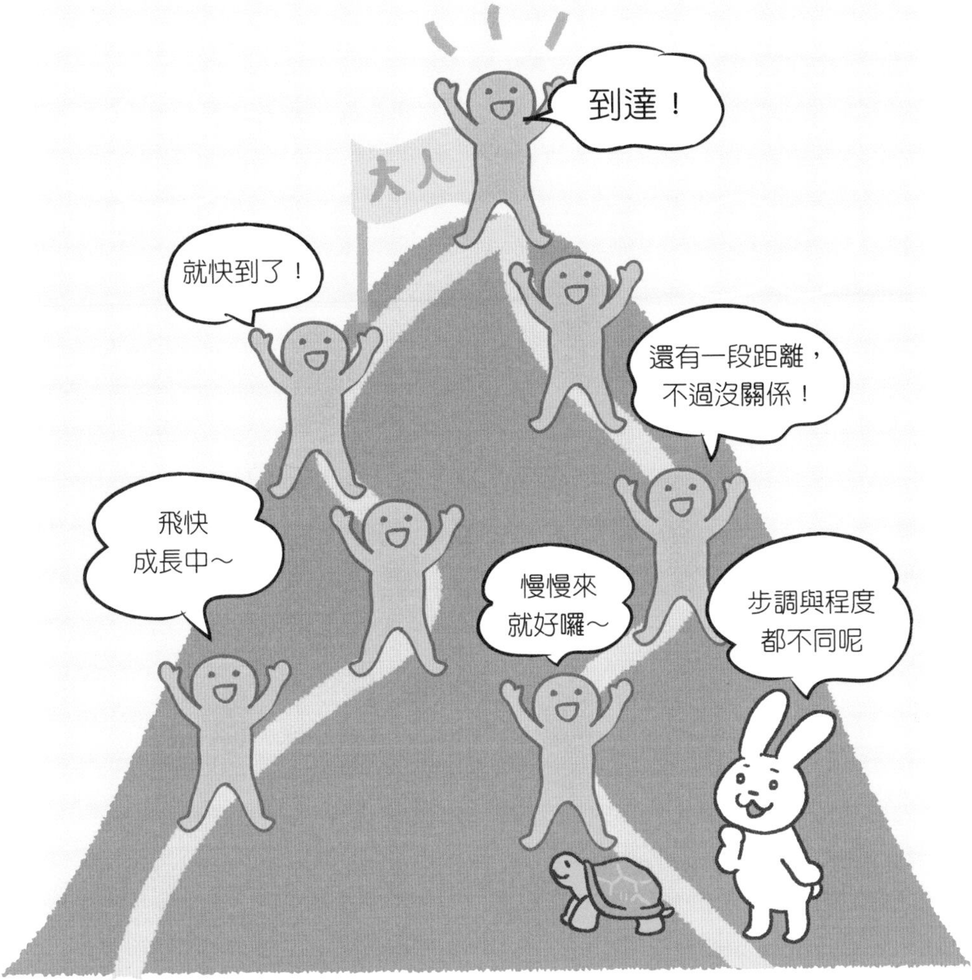

總之

成長的方式各不同。
完全不需要跟他人比較，
更不用感到擔憂。

充滿「性」趣，是不健康的想法嗎？

人多多少少會對異性或性事充滿好奇……
更不用說青春少男少女們，對「性」感到有興趣是很正常的。

掌握身與性的知識，保護好自己

心裡明明對「身體」與「性」的話題好奇不已，想跟人聊卻又感到難以啓齒。

別害怕，**認識身體與性，會對你的人生帶來莫大幫助**，絕不是「骯髒」或「噁心」的話題。

理解身體的構造與性的知識，每個人會比以前更加珍惜自己的身體，同時也學會如何保護他人。

掌握性的正確觀念，可以成為每個人的防護罩！世界上有許多專門鎖定小孩的性犯罪者，而建立「泳衣領域」（第34頁）的意識，有助於警覺壞人的魔掌。

而且，學習懷孕（第90頁）、避孕（第112頁）或性傳染病（第118頁）的相關知識，不但可以**保護自己，同時也能守護深愛的另一半**。最近LGBTQ（第126頁）的話題興盛，**社會也愈來愈能接受多元性別的存在**，世界漸漸變得美好。

身體與性，都與你我切身相關，千萬別覺得學之過早，吸收知識永遠都不嫌早。

理解正確的性知識

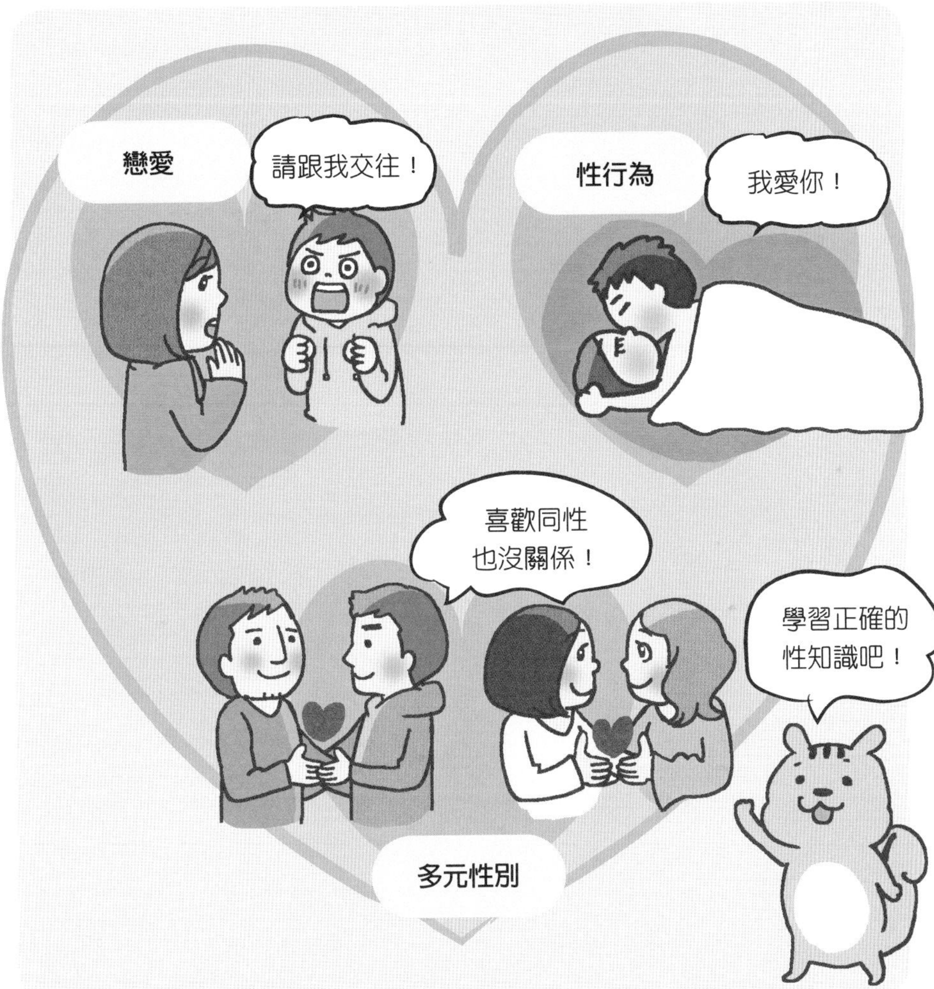

總之

理解「身體」或「性」，
也是重要的人生大事。
一起學習正確的知識吧！

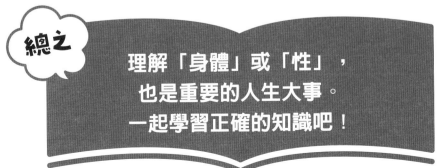

如何接受自己的身體特徵？

你喜歡自己的身體嗎？還是討厭呢？
青春期的朋友都跟你一樣，有著年少的煩憂。

大家都跟你一樣，有大大小小青春的煩惱

日常生活中，我們常與朋友一起共度愉快的時光，與此同時，心裡也常冒出一個又一個與身體、心理有關的煩惱，像是：

「小雞雞的大小，怎樣是正常？」
「我的胸部比別人小。」
「喜歡上某個人了，該怎麼辦？」
「別人比自己更有魅力……」

青春期有著數不清的困惑。

對於性感到憂愁的你並不孤單，身旁的朋友們或多或少都抱持著相同的煩惱。

稍微改變看待問題的方式，自卑心理也能成為一種「個性」。試想一下，如果有人對著自己在意的身體部位指責或嘲笑時，心情肯定會跌落谷底。己所不欲，勿施於人，我們要學習成為發覺他人優點的人。

日文成語「十人十色」，意思是十個人就有十種個性。長大後，每個人的個性都會蛻變成獨具個人魅力的特色。

你是世界上絕無僅有的獨特存在，**不用跟他人做比較，要好好愛護、認同自己最真實的模樣。**

先喜歡自己的身心，就能學會善待周遭的人們。

呵護真實的自己

總之

學習喜歡自己的個性，認同自己。
別與他人做比較，
珍惜自己最真實的樣貌。

少年少女的青春期煩惱排行榜

身心小事欄

青春期的孩子們，都面臨不同的課題。
來瞧瞧男女生心理煩惱TOP5有哪些！

與國中生相關的五大「性困擾」

少年

第一名　自慰……………………………30.6%

第二名　包莖…………16.5%

第三名　生殖器官…14.9%

第四名　射精……14.5%

第五名　性慾………4.8%

少女

第一名　月經（生理期）………………………22.2%

第二名　情緒和心理…18.5%

第三名　男女關係………14.9%

第四名　事後避孕…7.4%

第五名　身體不適…7.4%

青春期的男女煩惱大不同

步入青春期的少男少女，開始對性萌發各式各樣的疑問。

「自慰（第89頁）」是最困擾男生的問題。因為男孩們進入青春期後，身體分泌的雄性激素增多，性慾也隨之高漲。此時的男生受到性方面的刺激時，很容易亢奮不已，因此得花更多力氣去壓抑被煽動的性慾。

另一方面，「月經（第46頁）」是女生最普遍的疑惑。青春期少女會面臨成長的一大轉捩點，也就是月經來潮。相信有不少女性仍清晰記得，當時那種身體出現莫大變化、心裡無所適從的感受吧。

此外還有一些女生獨有的青春煩惱，如避孕（第110頁）與疾病（第118頁）等。

出處：日本計劃生育協會「青少年諮商熱線」2017年數據。

Part

2

身體與性的基礎問題Q & A

希望讀者能透過有趣的問答題，
及早掌握身體與性的基礎知識。
這些問題能幫助大家
在未來的人生裡活出自己的個性。

Q1

哪一種動物孕育小寶寶的方式，與人類相似呢？

❶ 青蛙　❷ 青鱂魚　❸ 大熊貓

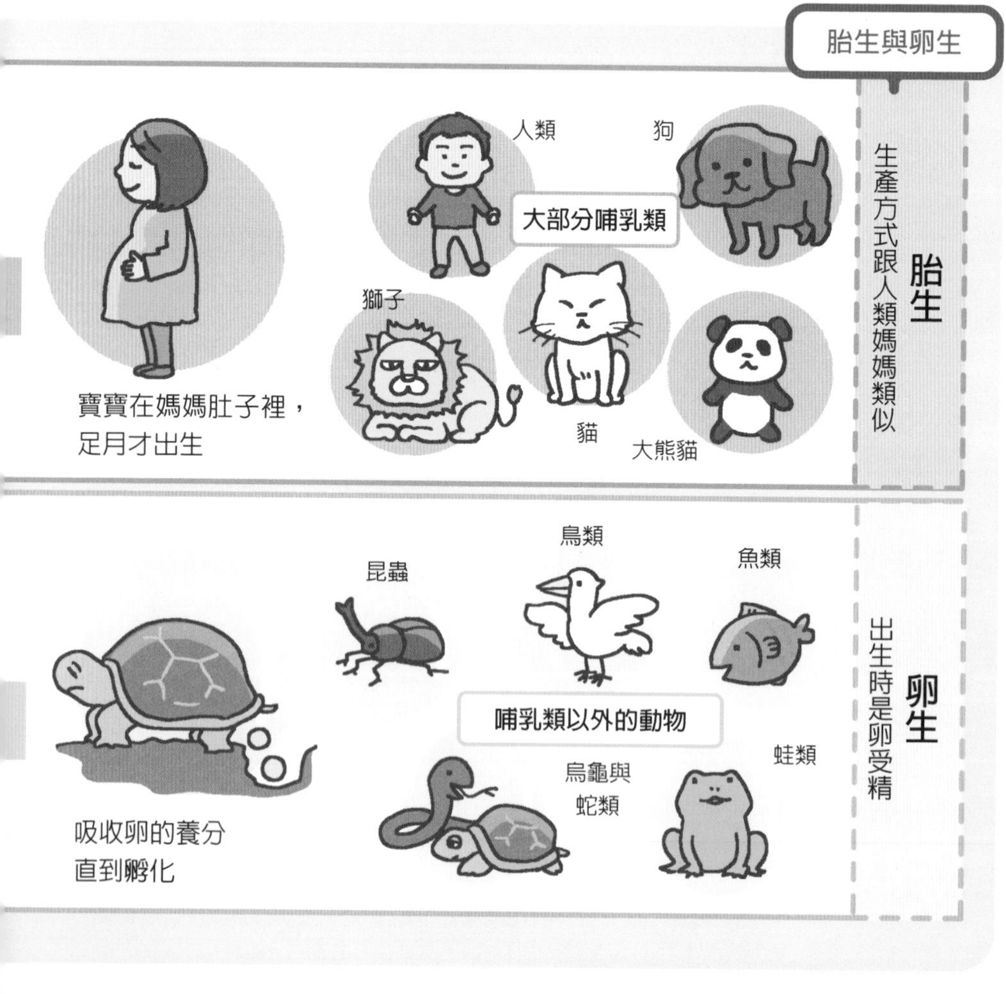

胎生與卵生
人類
狗
大部分哺乳類
獅子
貓
大熊貓
寶寶在媽媽肚子裡，
足月才出生
生產方式跟人類媽媽類似
胎生
鳥類
昆蟲
魚類
哺乳類以外的動物
烏龜與
蛇類
蛙類
吸收卵的養分
直到孵化
出生時是卵受精
卵生

出處：《答案是什麼？小學科學》（暫譯）-高濱正伸監修（學研出版）

在媽媽肚子裡成長，足月後分娩的哺乳類寶寶

動物誕生的方式能簡略分成兩種，第一種是母體懷孕生產、寶寶長相與父母相似的「胎生」，以及從卵裡破殼而出的「卵生」。

大部分的胎生動物是哺乳類動物，例如貓咪、狗狗與大熊貓。胎生的情況下，受精卵（第30頁）會在母體的子宮裡發育，造就了孩子與雙親相似的外貌。寶寶出生後，爸媽會以哺育母乳等方式照顧孩子。

魚類、鳥類、兩棲類、爬蟲類或昆蟲等哺乳類以外的生物，大部分都是卵生。鳥類與昆蟲等動物會在陸地上產卵，堅硬的外殼能保護卵不受乾燥的環境影響。而魚類、兩棲類會在水中產卵，它們的寶寶卵就無須外殼保護。

你有沒有看過剛出生的小寶寶呢？猜猜看人類是胎生還是卵生？相信你心裡已經有答案了。媽媽懷胎十月生產的寶寶，長相與爸媽相似。沒錯，人類是哺乳類動物，繁衍下一代的方式是胎生。

答案 ❸ 大熊貓

大熊貓與人類都是哺乳類動物，寶寶會在媽媽肚子裡待到足月。

我想要知道更多！

卵生動物生完寶寶後就不管了？

卵生動物仰賴儲藏在卵裡面的養分成長、改變容貌。鳥爸媽會等鳥寶長大成雛鳥之後才開始哺餵食物。除此之外，卵生動物產卵後，大多放任孩子自生自滅。

Q2

小寶寶從哪兒來？

❶ 送子鳥的禮物　❷ 精子與卵子相遇的結晶

當精子遇見卵子，創造出愛的結晶

你知道小寶寶從哪裡來嗎？小嬰兒是不是送子鳥給爸媽的禮物呢？還是說，寶寶像蔬菜一樣從田裡長出來呢？

當然，以上都是無稽之談。

小寶寶是男性的精子（第74頁）與女性的卵子（第44頁）共同創造的結晶。但在那之前，精子與卵子究竟是怎麼碰面的呢？

女生的身體構造裡，除了有尿道（排尿的管道）與肛門（糞便的出口）之外，還有一個特別的洞口，叫做「陰道」。

男生的陰莖（第68頁）因興奮而脹大變硬，進入陰道，最後射精，就能將精子送到卵子身邊。這個過程，便稱為「性交（Sex）」行為。

精子與卵子相見歡，互相結合後創造出生命——受精卵，此時的媽媽就進入懷孕的狀態，受精卵會慢慢變成小寶寶。最後，在媽媽肚子裡待足月的寶寶，會通過子宮與陰道，誕生到世界上。這一連串的過程，就稱為「生產（分娩）」。而將肚皮剖開，從中取出小寶寶的生產方式，稱為「剖腹產」。

性交，普遍定義為「生命的起點」，缺少這個男女行為，小寶寶就失去降臨到世界上的機會了。（第108說明例外的情況）

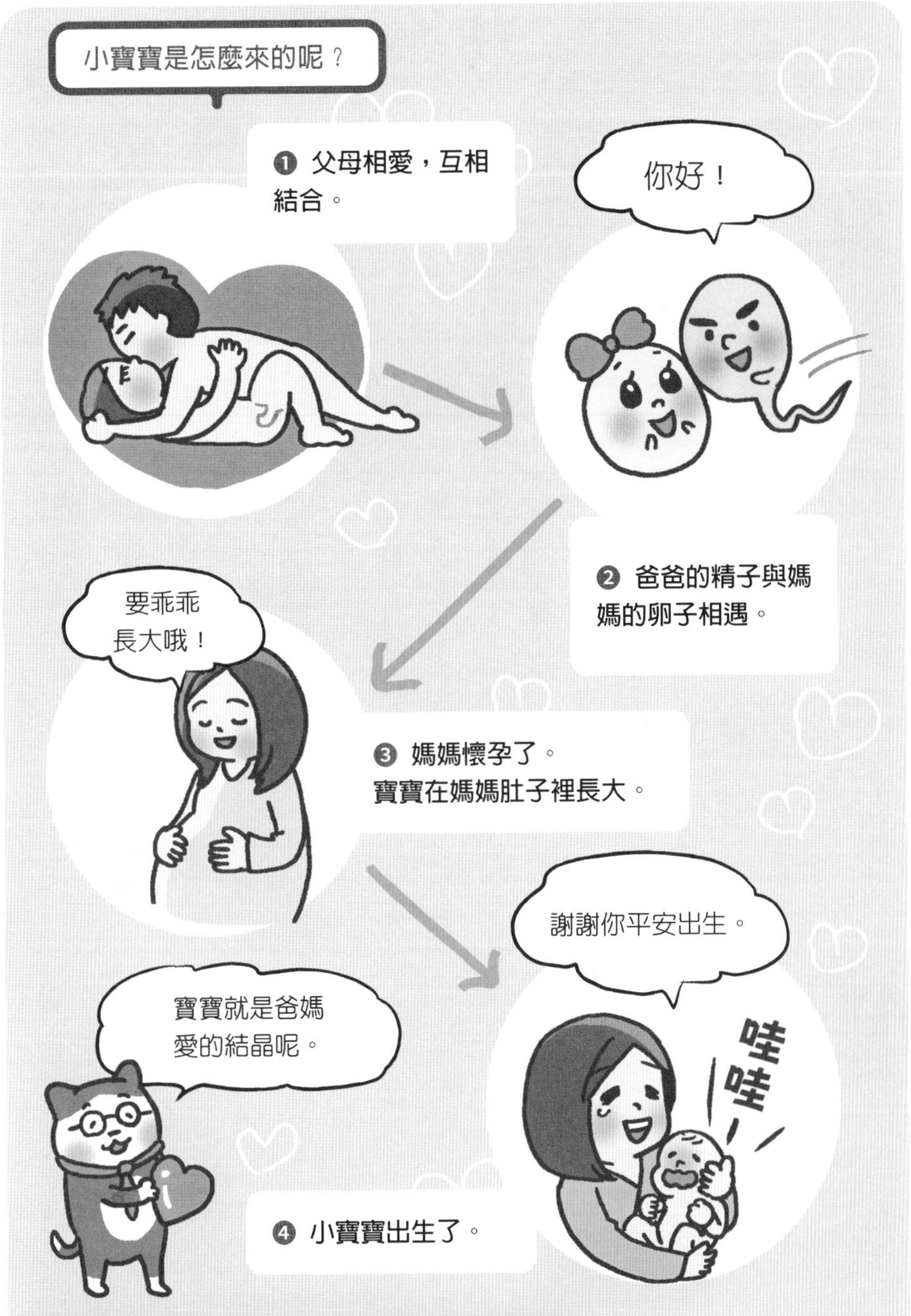
小寶寶是怎麼來的呢？
❶ 父母相愛，互相結合。
你好！
❷ 爸爸的精子與媽媽的卵子相遇。
要乖乖長大哦！
❸ 媽媽懷孕了。寶寶在媽媽肚子裡長大。
謝謝你平安出生。
哇哇
寶寶就是爸媽愛的結晶呢。
❹ 小寶寶出生了。

答案 ❷ 精子與卵子相遇的結晶

精子來到卵子身邊，結合成「生命之源」。

Q3

青春期時，身體會分泌什麼物質，讓小孩轉大人？

❶ 開關　❷ 壓力　❸ 荷爾蒙

身心靈逐漸長大成人的青春期

小時候，男女之間的身體差異並不明顯，但隨著年齡增長，男女的性別特徵就會漸漸出現區別。

胎兒（還沒出生的嬰兒）時期，小男孩的身上就已經有小雞雞（陰莖）及精巢（第68頁），小女孩則有子宮及卵巢等生殖器官，這是「第一性徵」。

不久後，當男孩成長至11～12歲、女孩9～10歲，會迎來「第二性徵」的身體變化。男孩轉少年、女孩轉少女的過程中，孩子的身體與心靈都會出現莫大改變。從第二性徵顯現到完全成熟為止的期間，就是所謂的「青春期」。

青春期時，性荷爾蒙主宰了孩子們的身體變化。精巢與卵巢接收到大腦的命令，頻繁地分泌性荷爾蒙（雄性激素與雌性激素），促使身體飛快的成長。

我想要知道更多！

只有男生會分泌雄性激素嗎？

事實上，每個人的身體都會分泌雄性、雌性激素。只是精巢分泌的雄性激素與卵巢分泌的雌性激素較多，才造就了男女截然不同的身體特徵。

大腦發出「快快長大」的命令

男生

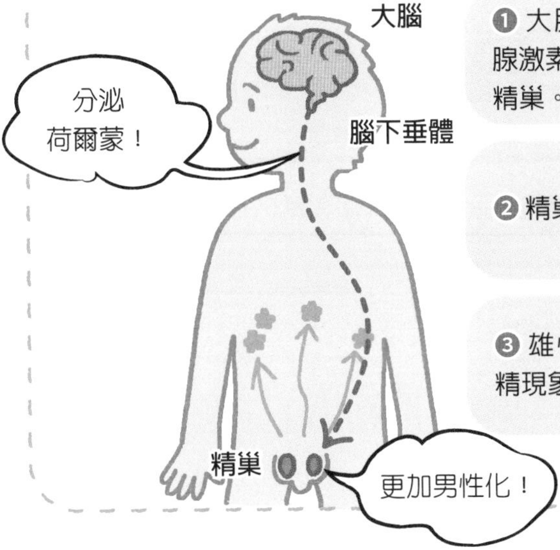
大腦
分泌
荷爾蒙！
腦下垂體
精巢
更加男性化！

❶ 大腦的腦下垂體分泌促性腺激素（gonadotropins），刺激精巢。

❷ 精巢分泌雄性荷爾蒙。

❸ 雄性荷爾蒙使身體出現射精現象、體格更具男子氣概。

女生

❶ 大腦的腦下垂體分泌促性腺激素，刺激卵巢。

❷ 卵巢分泌雌性荷爾蒙。

❸ 雌性荷爾蒙促使月經來潮、體態更加凹凸有致。

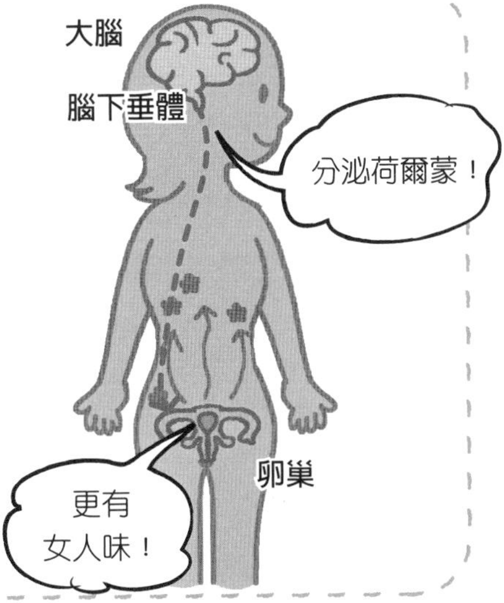
大腦
腦下垂體
分泌荷爾蒙！
卵巢
更有
女人味！

答案 ❸ 荷爾蒙

精巢或卵巢分泌荷爾蒙（性荷爾蒙），使體態愈來愈成熟。

Q4

哪一項物品，幫我們遮擋了性的重要部位？

❶ 帽子　❷ 泳衣　❸ T恤

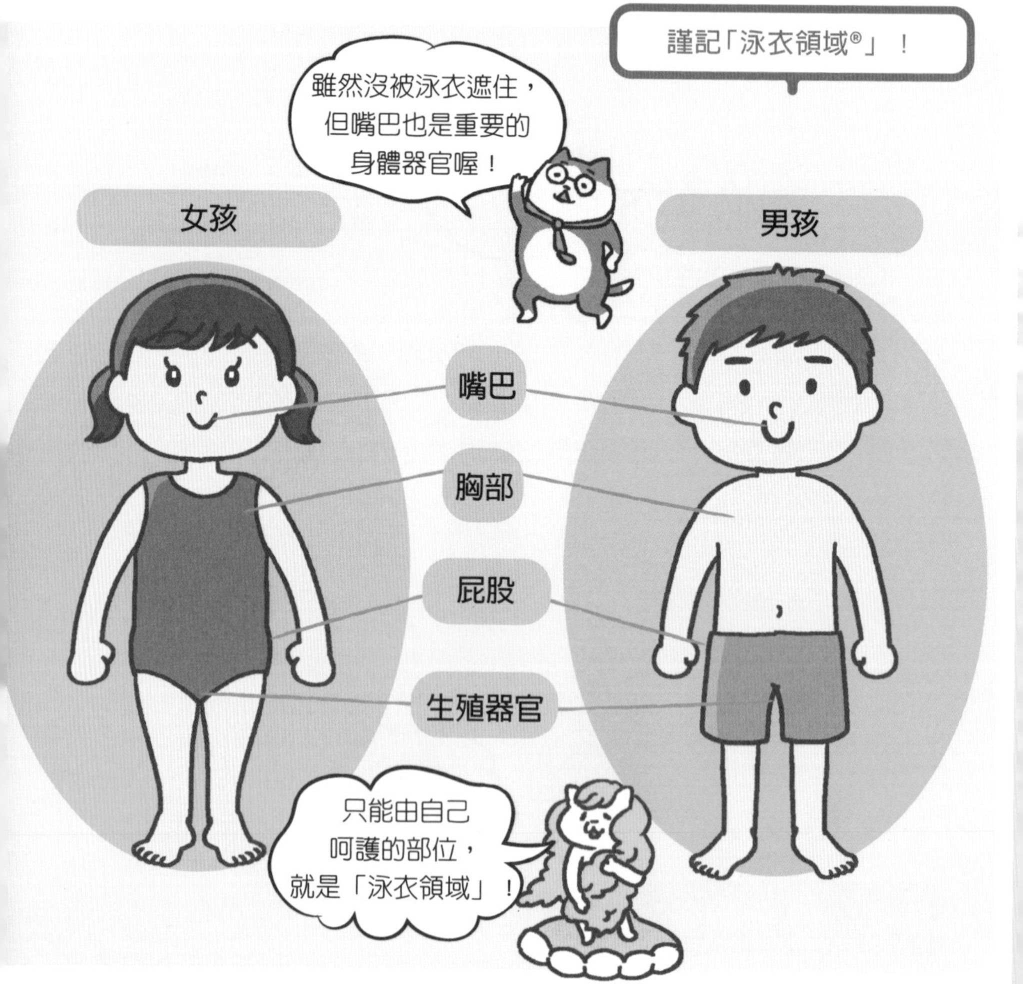
謹記「泳衣領域®」！
雖然沒被泳衣遮住，
但嘴巴也是重要的
身體器官喔！
女孩
男孩
嘴巴
胸部
屁股
生殖器官
只能由自己
呵護的部位，
就是「泳衣領域」！

不給看也不給摸的私密部位

每個人的身體都有不能讓別人隨便觀賞、觸摸的重要部位。

女孩在穿上泳衣後，遮擋了「胸部」、「屁股」、「生殖器官」。這幾個部位，再加上「嘴巴」，就是他人不可褻玩的四大私密處，合稱「泳衣領域」。雖然男孩子的泳衣不會遮住胸部，但胸部的重要性不分男女，同樣珍貴。觀念得從小培養，請謹記「嘴巴、胸部、屁股、生殖器官」是自己專屬的私密部位。

如果有人說想「看看」、「摸摸」你的泳衣領域，務必直接拒絕。此外，強迫你露出泳衣領域或是想觸摸你私密處的人，都是可疑的危險人物，請大聲呼救並逃離現場，立刻告訴父母或老師等長輩。同樣的，朋友的泳衣領域也是對方的重要部位，隨意觸碰可是會被討厭的喔！

避免在公眾場所談論與泳衣領域有關的話題，也不要隨意露出重要部位讓他人欣賞。就像我們不喜歡被如此對待，避免無心之過造成他人困擾。不談論泳衣領域的話題、不隨意暴露私密部位，是保護自己的最佳良方。

兩個「約定」

不讓別人觀賞！

不讓他人觸摸！

答案 ❷ 泳衣

胸部、屁股、生殖器官再加上嘴巴，是你專屬的私密部位。

Q5

生殖器官附近長毛了！為什麼？

❶ 保護作用　❷ 辨別作用　❸ 醒目作用

青春期會出現什麼樣的身體變化？

青春期帶來的影響，絕對不只外貌的身體變化，此時人體的內部也正在長大。

男生的小雞雞（陰莖）與陰囊逐步發育成熟，身體也出現「射精」（第72頁）的行為。身體的肌肉開始發達，生殖器官附近與腋下長出體毛、冒出鬍子，手臂與腿上的毛也趨漸濃密。

女生的身體內部也出現變化，卵巢、子宮等機能漸漸完備，月經初次來潮（第48頁，生理期）。這些變化賦予女性孕育下一代的能力。

不僅如此，脂肪變得更容易堆積，體態愈發豐腴圓潤，乳房（胸部）開始脹大，骨盆擴張、下腹膨脹以保護子宮與卵巢。生殖器官周圍與腋下跟男生一樣會冒出體毛。

生殖器官附近之所以會長出體毛，原因在於性器官是孕育新生命的重要部位。如同頭髮保護了向身體發號施令的大腦，愈是重要的部位，愈需要毛髮的遮蔽。

我想要知道更多！

女生也會經歷「變聲期」！

大象普遍知道男生會在青春期「變聲」，實際上，變聲是男女生共通的問題。男生的音域會加寬變廣，聲音低沉一個八度。女生的音域則變得更嬌柔，聽起來富有女性特質。

成長期的身體變化知多少?

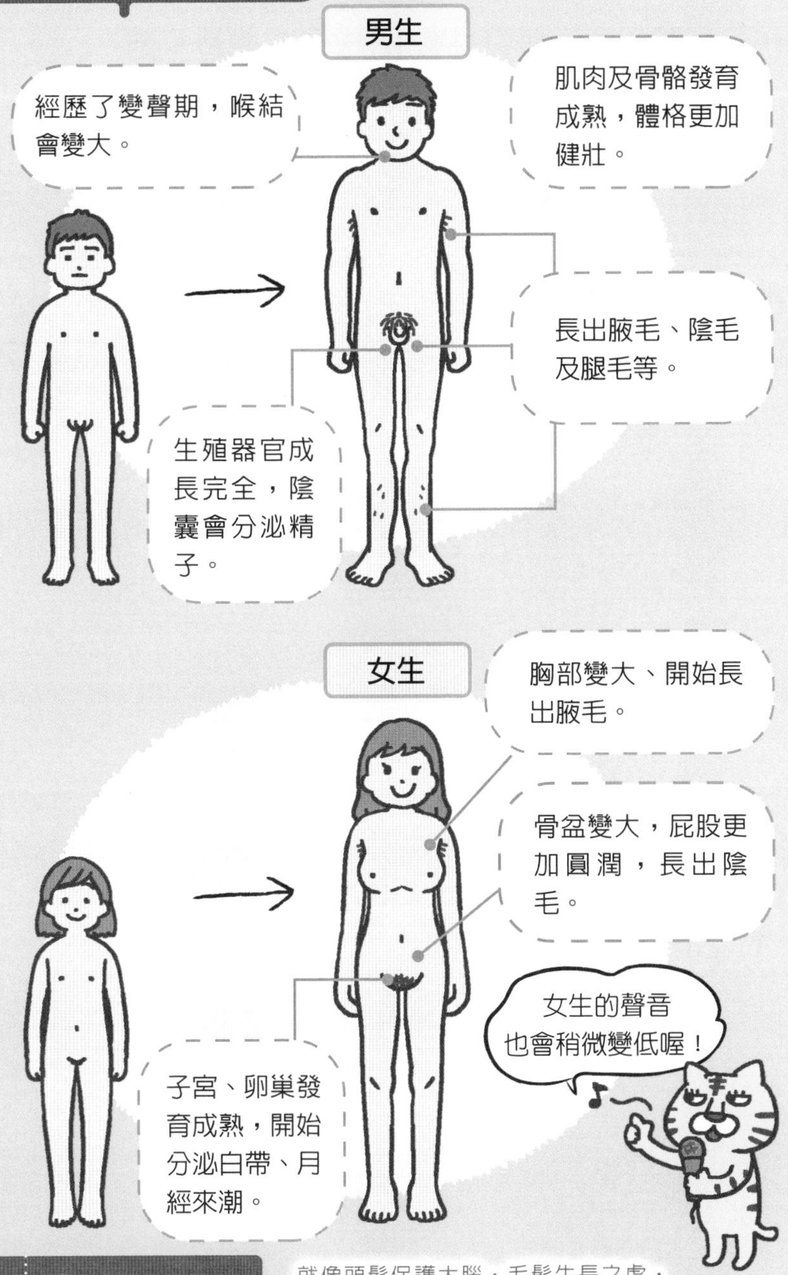

答案 ❶ 保護作用

就像頭髮保護大腦，毛髮生長之處，皆是重要部位。

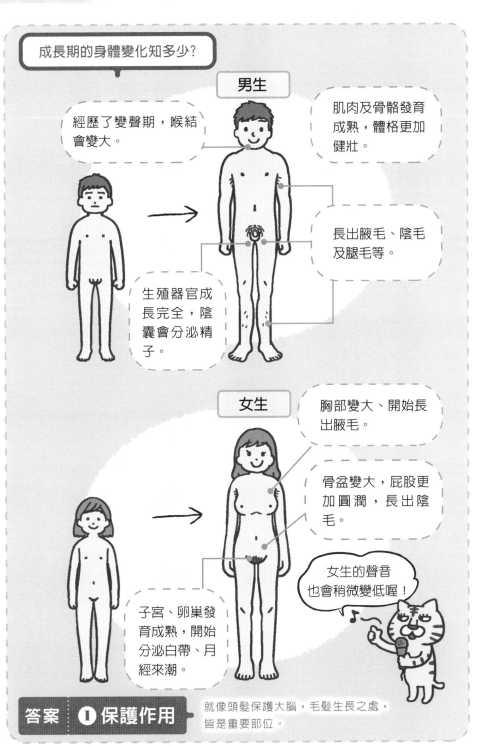

Q6

青春期時脾氣暴躁、愛生氣是誰害的？

❶ 自己的問題　❷ 父母的錯　❸ 荷爾蒙作祟

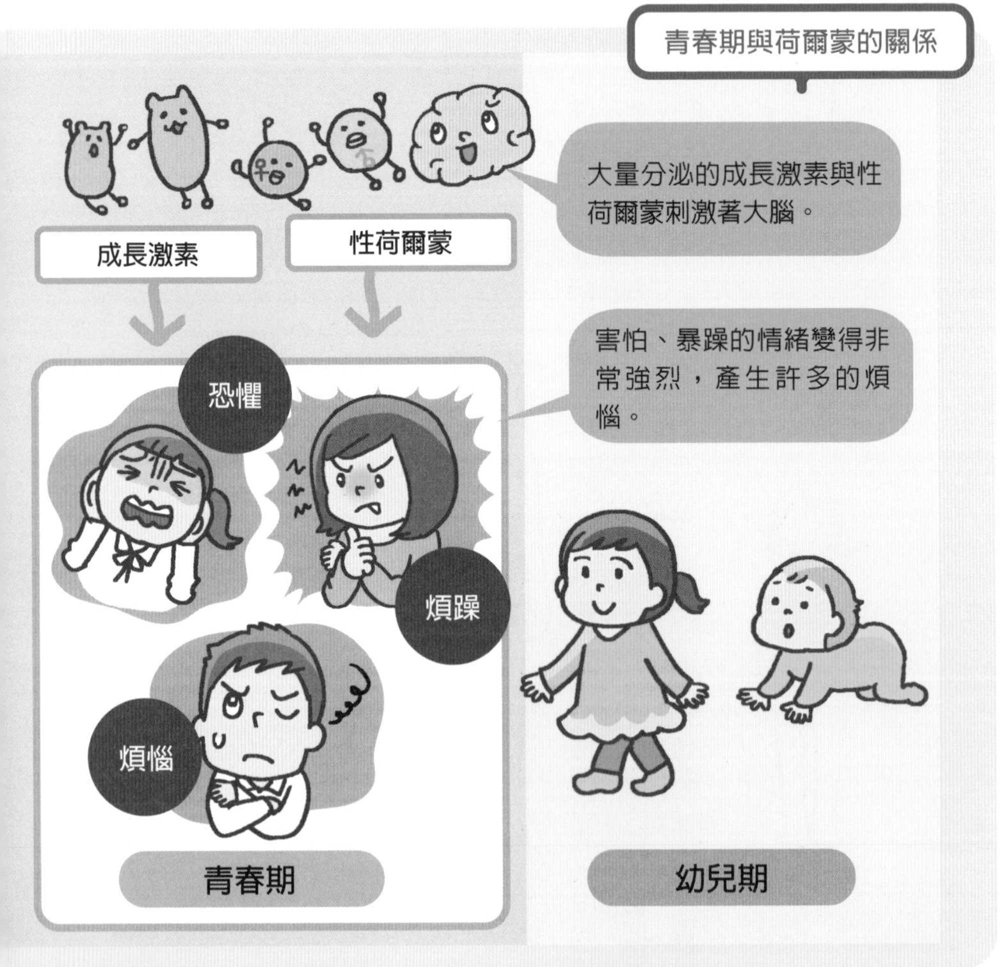
青春期與荷爾蒙的關係
大量分泌的成長激素與性荷爾蒙刺激著大腦。
成長激素
性荷爾蒙
害怕、暴躁的情緒變得非常強烈，產生許多的煩惱。
恐懼
煩躁
煩惱
青春期
幼兒期

愛發脾氣與惶恐不安的情緒，都是長大成人的過程

任誰都經歷過身心靈「轉大人」的青春期。情緒變得躁動，時常對父母露出不耐煩的態度，這就是人稱「叛逆期」的時期。

「不要幫我做決定」

「少來干涉我的事情！」

心靈的成長跟不上急遽轉變的身體變化，因此感到惴惴不安，總是冷靜不下來，情緒隨時都在崩潰邊緣。聽不進父母或老師說的話，甚至出現叛逆的舉動，惡劣的違心之論接二連三脫口而出。

這種無所適從的情緒反應，絕對不是自己、雙親或老師的錯。人體邁入青春期，會分泌比以往更多的成長激素與性荷爾蒙，它們不斷刺激大腦，使我們難以控制自己的情緒。

青春期面臨的每一個憂愁都是成長的關卡，目的是讓你成為更具成熟魅力的成年人，絕不是無謂的煩惱。躁動不安的情緒，就是自己逐漸獨立、具備自我意識的證據。

多多煩惱，常加思考，用心正視自己的身體與心靈，當這份心情漸轉成為他人著想的同理心，青春期的出口就在眼前了。

是邁向成熟大人的關鍵時期哦！
成熟期

答案 ❸ 荷爾蒙作祟

大量分泌的荷爾蒙，使得身體與心靈的平穩失衡。

Q7

青春期時，哪一項活動能幫助身體成長？

❶ 讀書　❷ 玩遊戲　❸ 睡覺

歌詞「一暝大一寸」藏著成長的訣竅

雖然每個人的成長曲線各有快慢，但不用心經營生活的話，就連成長期的身體發育也可能停滯不前。吃飯、睡眠與運動是成長的三大要事。

青春期是男孩轉少年、女孩變少女，肌肉與骨骼飛快增長的一個時期。除了營養均衡不挑食，會阻礙成長的減肥計畫（第64頁）最好也先緩緩。

肯定有人會哀嚎：「我好討厭運動！」然而，想要長得高、擁有強健體格，必須借助運動。運動能促進肌肉生長、提高呼吸機能等。

此外，睡覺也不是單純將身體關機而已，也是青春期強而有力的發育幫手！人的一生有兩次長高的機會，第一次是幼兒時期，第二次是青春期。

因為人體的成長激素能促進骨骼發育，使身高更上一層樓。睡眠期間正是成長激素分泌最旺盛的時候，所以身體正在轉大人的時期，更不能忽視睡眠，避免熬夜，充足睡眠就是長高的關鍵。

童謠歌詞「一暝大一寸」，唱得可是長大的祕訣喔！

身體成長的三大關鍵活動

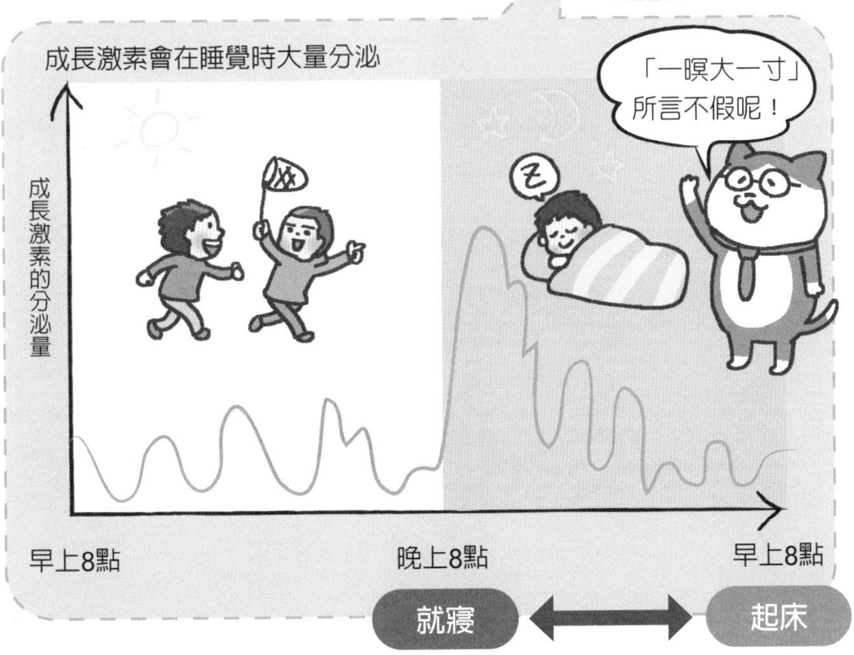

答案 ❸ 睡眠

認真讀書、用力玩耍也同等重要，
但規律的睡眠是身體成長的關鍵要素。

身心小專欄

解答青春期最在意的煩惱

有身心靈的疑惑時，卻苦無人可諮詢。
即刻解答最在意的數個青春期煩惱。

想擁有傲人的身高！

據說人的身高90%取決於雙親的遺傳（第96頁），卻也不是如此絕對。即便每個人的成長期有早有晚，但邁入青春期後，身體會倏地抽高。以身高而言，女生會在11歲、男生在13歲時達到成長巔峰。把握黃金時期，勤加運動、均衡飲食，或許高人一寸不是夢。

體毛會愈刮愈粗嗎？

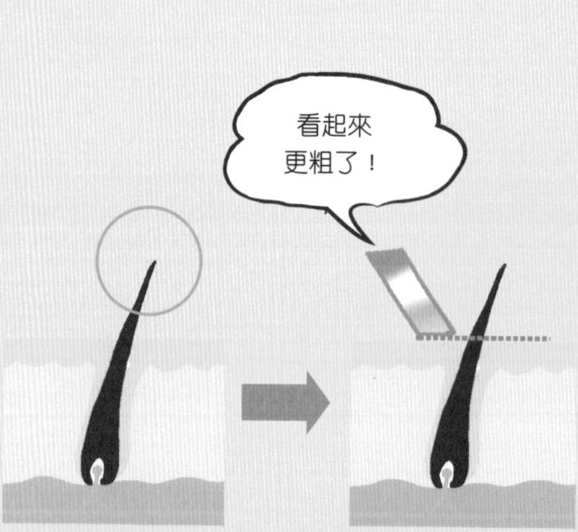

想刮毛美容一下，不要怕，放心下手吧！坊間傳言「體毛會愈刮愈粗」根本是錯誤觀念。毛囊根部的毛根會比尖端更粗大，斜著刮毛，毛髮斜切面的面積更大，毛髮看起來比刮毛前更粗，卻不代表毛髮變得更濃密了。但要注意，刮刀除毛時，要先用肥皂或沐浴乳滋潤刮毛處，再下刀刮毛才不會傷害肌膚！

出處：nplus公司網站

為什麼會長青春痘呢？

小學高年級到國中期間，青春痘會漸漸冒出頭來，上高中後，青春痘更加猖狂。青春期狂長痘痘的原因在於，雄性激素會促進皮脂的分泌，而皮脂分泌過剩會引發毛孔阻塞，此時毛孔就成了青春痘元兇痤瘡丙酸桿菌（Propionibacteriumacnes）滋生的溫床。放著不管可能會在皮膚留下痘疤，長痘痘時，要細心照顧肌膚喔。

惱人的青春痘

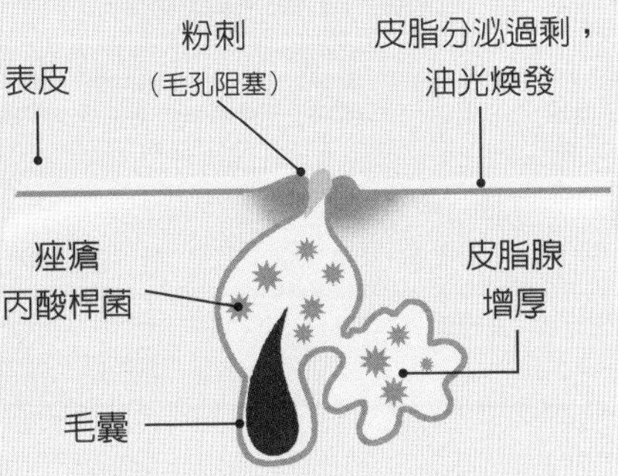

粉刺
（毛孔阻塞）
皮脂分泌過剩，
油光煥發
表皮
痤瘡
丙酸桿菌
皮脂腺
增厚
毛囊

洗臉動作
要輕柔！

過度清潔臉部，不會更乾淨！

青春期的肌膚相當敏感，看青春痘不順眼就用力搓臉，痘痘反而長得更兇！每天最多洗兩次臉就好，洗面乳要充分地搓出綿密的泡沫，再塗抹到臉上輕輕按摩，最後以溫水沖洗，並加強臉部保溼。

該怎麼消除煩躁易怒的情緒？

進入青春期，凡事都能挑起暴躁情緒。感到壓力纏身時，先深吸一口氣，靜下心思考，找出讓你心情不美麗的始作俑者。怎麼也無法壓抑煩躁感時，可以動動身體，或挑有興趣的事情做，讓自己小憩片刻。舒壓方法百百種，學會與壓力和平相處吧。

隨時
轉換心情！

Q8

女生有幾個卵巢？

❶ 1個　❷ 2個　❸ 3個

一起認識奇妙的人體構造吧

各位女孩們，有沒有仔細觀察過自己的私密處呢？

生殖器官分成兩種，藏在人體內部的稱為內生殖器，身體外觀可見的部分則是外生殖器。內生殖器位於人體的下腹部，此處蘊藏著孕育小寶寶不可或缺的器官。

下腹部的中間位置有個稱為「子宮」的器官，是母體受孕、孕育小寶寶的重要部位。在子宮的左右兩側各有一個長得像雞蛋的器官——卵巢。平常卵子會待在卵巢中休養生息，待時機成熟後，卵子會朝子宮噴出，這就是「排卵」。

輸卵管是連接子宮與卵巢的通道，也是朝子宮出發的卵子與男性精子相遇的場所。

陰道是子宮的入口，同時也是生理期（第46頁）排出經血、小嬰兒出生的通道。

我想要知道更多！

清潔私密處的動作要輕柔、仔細

陰道口與尿道口是十分接近肛門的外生殖器，容易附著細菌。肥皂、清潔液充分起泡後，輕輕搓揉私密處。小陰唇的皺褶特別容易藏汙納垢，要更仔細沖洗乾淨喔！

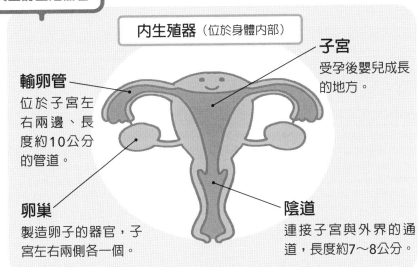

女生的生殖器官

內生殖器（位於身體內部）

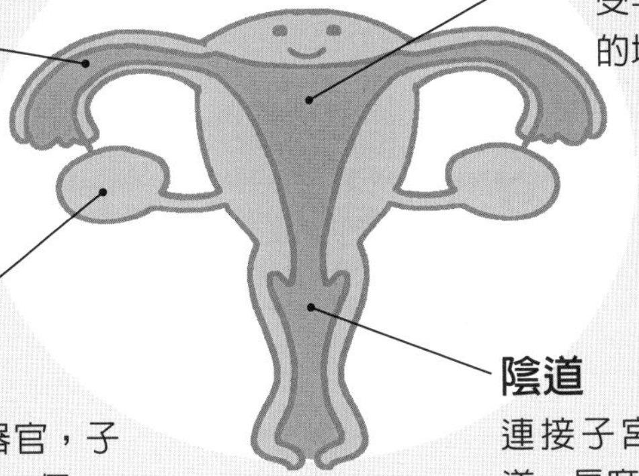

子宮
受孕後嬰兒成長的地方。

輸卵管
位於子宮左右兩邊、長度約10公分的管道。

卵巢
製造卵子的器官，子宮左右兩側各一個。

陰道
連接子宮與外界的通道，長度約7～8公分。

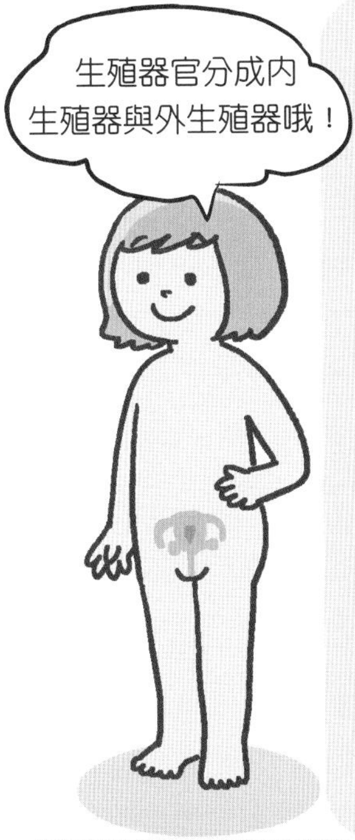

外生殖器（身體外側可見的部位）

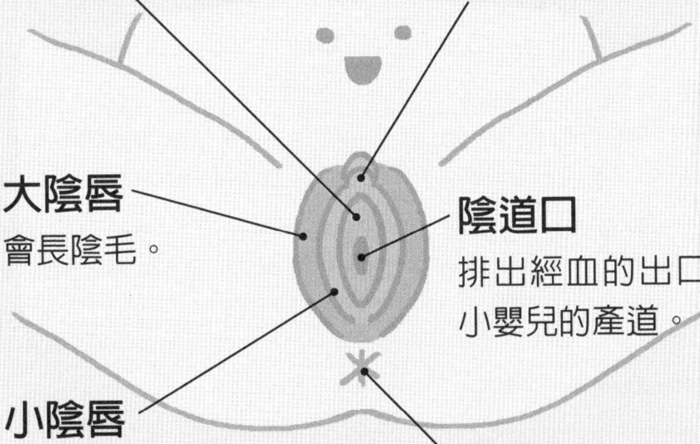

尿道口
排尿的地方。

陰蒂
極度敏感的部位，受到刺激會勃起。

大陰唇
會長陰毛。

陰道口
排出經血的出口與小嬰兒的產道。

小陰唇
充滿皺褶，保護尿道口與陰道口。

肛門
糞便的出口。

答案 ❷ 2個

子宮左右兩側各有一個卵巢，每個月會有一個卵子從其中一個卵巢噴出，進入輸卵管。

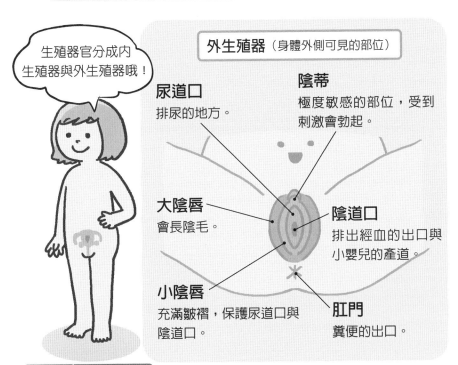

Q9

何者是月經（生理期）的存在意義？

❶ 感冒　❷ 懷孕　❸ 成長

每月定期更換一次軟綿綿的溫床

月經（又稱「生理期」）是女孩在青春期會經驗的身體變化之一。

月經身體做好「受孕準備」的訊號。女生的子宮兩側各有一個卵巢，以一個月為周期，卵巢裡會有一顆成熟的卵子，噗的一聲向輸卵管飛奔而去。

接著，卵子與男性的精子相遇結合，搖身一變成為寶寶的前身——「受精卵」。

此時，子宮內膜（子宮內部的黏膜組織）會增生變厚，像一床軟綿綿的床鋪，好讓受精卵住得舒適安全。然而，如果精子與卵子錯身而過，這張為受精卵編織的軟床就無用武之地了。失去作用的床鋪，會變成血液（經血）排出體外。

像這樣，女生每個月都會更換一次孕育新生命（受精卵）的床鋪，這就是「月經」的奧妙。

我想要知道更多！

月經報到前，白帶會變多

隨著人體成長，女生的子宮與陰道也會開始排出「白帶」。白帶的顏色或白或黃，負責讓私密處保持溼潤。月經來臨前兩三天，白帶的分泌量會增加。

月經的成因

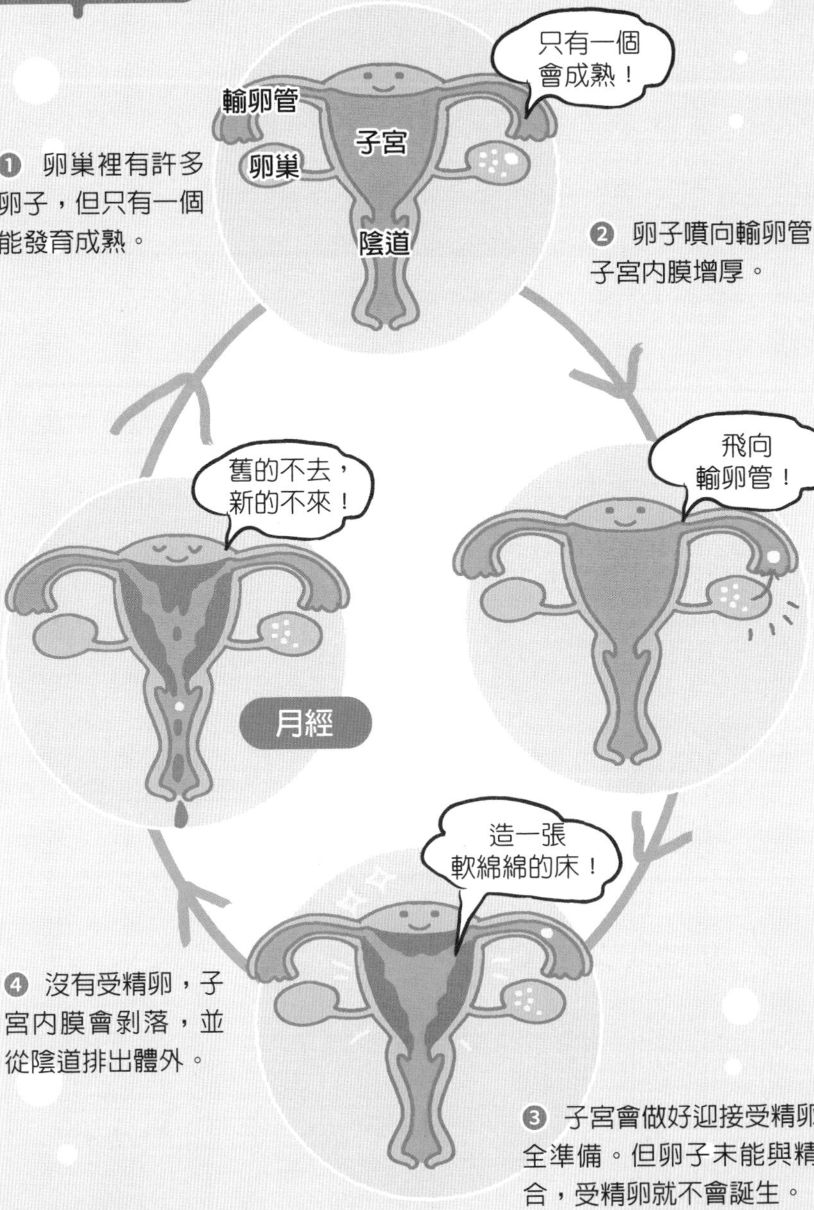

❶ 卵巢裡有許多卵子，但只有一個能發育成熟。

❷ 卵子噴向輸卵管，子宮內膜增厚。

❸ 子宮會做好迎接受精卵的萬全準備。但卵子未能與精子結合，受精卵就不會誕生。

❹ 沒有受精卵，子宮內膜會剝落，並從陰道排出體外。

答案 ❷ 懷孕

失去用處的子宮內膜剝落之後，
就成了月經。

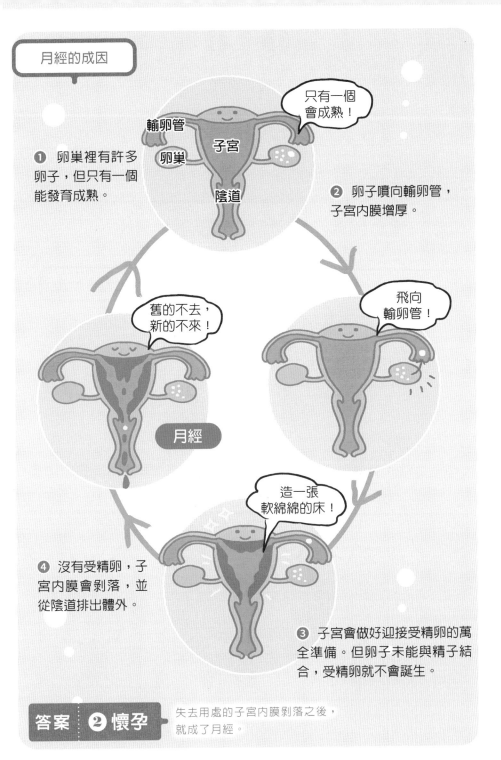

Q10

月經是幾歲來臨？

❶ 10歲　❷ 15歲　❸ 有早有晚

月經何時來潮？
間隔很長耶！
晚一點的話大約15歲
多數女孩是12歲
早的話大約9-10歲

初經報到，各有先後。
不必跟他人比較。

無需因為初經來得晚感到焦慮

人生第一次月經（生理期）來潮，稱為「初經」或「初潮」。

初經到來的時間點，完全無跡可循。有些人早在10歲前就經歷初潮，也有些女孩到了15歲左右才等到月經報到。

與月經初次見面的體驗或許不那麼美麗，可能會有「一直流血好討厭」的負面情緒。

不過，月經是身體發育成熟、已能孕育新生命的證明，意味著踏入大人的行列，是相當美妙的成長變化，友好地迎接月經的到來吧！

身邊的朋友們都來月經了，自己的初潮卻遲遲沒見蹤影，此時也不必過度焦慮。

月經會依循每個人的成長步調來報到，如果你還沒體驗過，可以先理解月經的形成機制，調整好心態，安心等待時機成熟。

雖然初經來潮的時間難以捉摸，但是陰道開始分泌黏糊糊的白帶，就是該準備迎接月經的訊號了。

假如在學校上課時月經突如其來，先向保健老師尋求幫助吧！保健室通常都會準備衛生棉（第56頁）或乾淨的紙內褲。

與初經有關的小知識

●初經報到，各有先後。

初潮的時間點沒有絕對，不用太過擔憂。

●白帶是初經的前兆?

黏呼呼的「白帶」，或許是月經報到的訊號哦。

答案 ❸ 有早有晚

Q11

女性一生當中能排出幾個卵子？

❶ 約400個　❷ 約4萬個　❸ 約4億個

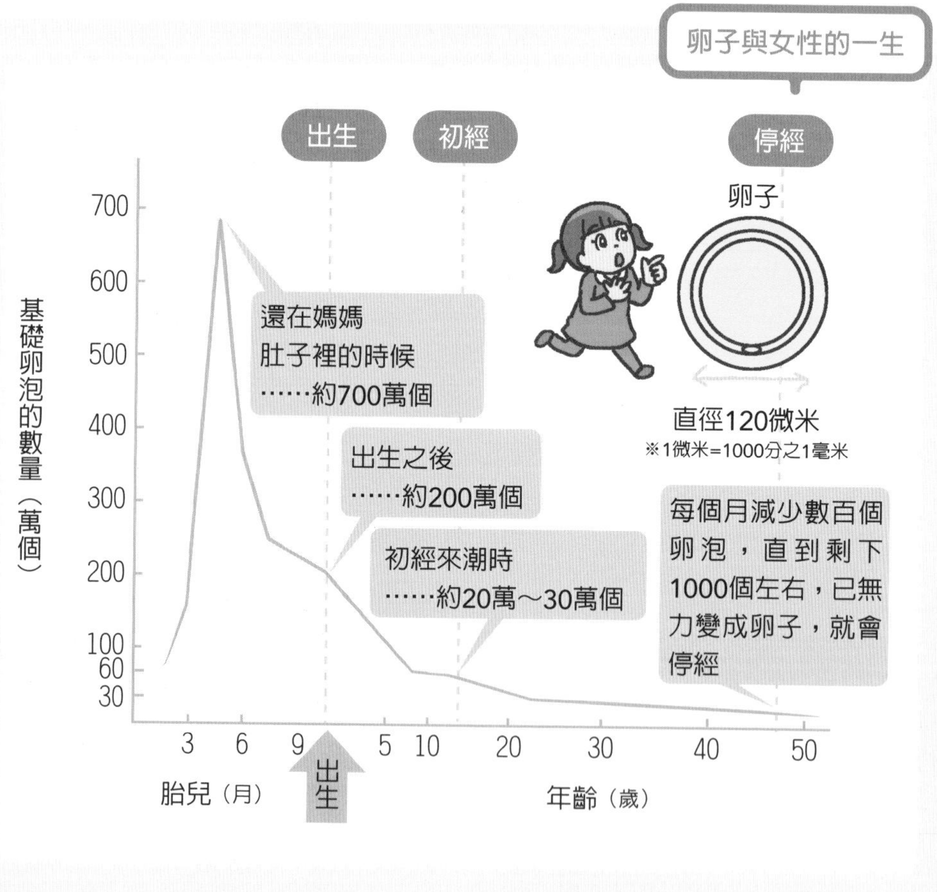

卵子與女性的一生
出生
初經
停經
卵子
直徑120微米
※1微米=1000分之1毫米
700
600
500
400
300
200
100
60
30
基礎卵泡的數量（萬個）
還在媽媽
肚子裡的時候
……約700萬個
出生之後
……約200萬個
初經來潮時
……約20萬～30萬個
每個月減少數百個
卵泡，直到剩下
1000個左右，已無
力變成卵子，就會
停經
3
6
9
5
10
20
30
40
50
胎兒（月）
出生
年齡（歲）

從初經開始，月經會持續35年，大約能排卵400個。

出處：Baker TG（1972）Gametogenesis, Acta Endocrinol Sullpl 166;18-42

女性排卵的數量 一輩子不過幾百個而已

基礎卵泡是小寶寶還在媽媽肚子裡就存在的物質，同時也是卵子的源頭。其實，卵巢本身不會製造卵子（基礎卵泡），而是卵子以原始的樣態，被保存在小寶寶體內。寶寶出生前，基礎卵泡會增生到700萬個左右，之後隨著年齡愈長，基礎卵泡就愈少。

剛誕生的女寶寶，卵巢裡儲存約200萬個基礎卵泡，它們會在女孩成長的過程裡逐漸流失，初經來潮時，僅剩下20～30萬個。跨過30歲以後，數量也銳減至2～3萬個。當基礎卵泡的數量剩下寥寥無幾，距離停經也不遠了。

所以說，基礎卵泡中能發育成卵子、順利排卵的數目，一生當中也不過數百個。如果一生中能與月經相處的時間是35年，以週期30天計算，一輩子會排出420個卵子。沒想到人生裡只有幾百個排卵機會，經期雖辛苦，卻也難能可貴。

女性能排出幾個卵子？

月經持續的時間約35年

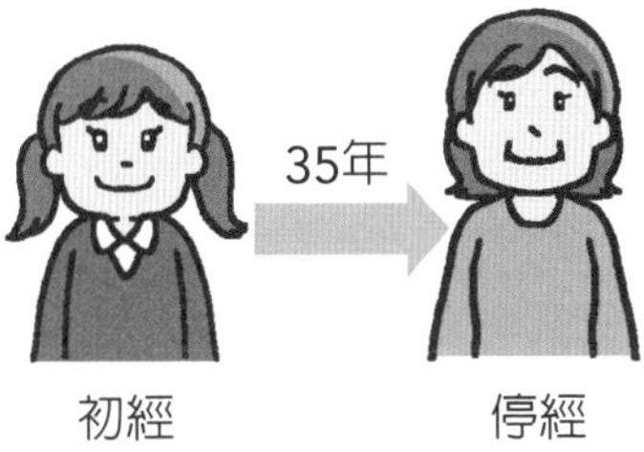

月經的週期是1個月（30天）
換算下來……

5年X12個月=420個！

答案 ❶ 約400個

我想要知道更多！

古早時代的經期次數更少得驚奇？

早期的女性，十來歲就結婚，生育的次數也比現代人更多，一個家庭得養育6～7個孩子。生理期會在懷孕後的哺乳期暫停報到，所以實際上月事來潮的次數只剩下50～100次左右。

Q12

哪一項因素
左右了女性胸部的大小？

❶ 肌肉量　❷ 骨骼量　❸ 脂肪量

依照不同成長時期，聰明選擇胸罩

進入青春期之後，女生會愈長愈有成熟女性的韻味。身高抽高、體重增加，不僅三圍長大一寸、胸部（乳房）隆起，屁股脂肪增多渾圓。女性的胸部由許多脂肪組成，脂肪裡包裹著負責生產母乳的乳腺，是寶寶的生命泉源。當胸部成長膨大時，會變得相當敏感，甚至疼痛，這是乳腺發育成長的證明。

胸部變大，讓人好難以為情，該是胸罩這類貼身衣物出場的時機了！胸罩有各種款式，依照不同時期挑選貼身的尺寸，運動時不容易脫落的款式，才能避免摩擦搔癢、疼痛。

我想要知道更多！

即使各有差異，都是最迷人的胸部

從胸部大小、乳頭與乳暈的顏色到乳型，每個人的胸部都有獨特的樣貌。有些人可能會因大小奶感到難為情，但不用怕！因為人類本來就沒有完美對稱的身體構造。

出處：wacoalholdings網站等。

胸罩與胸部的成長

幾乎都是脂肪呢！

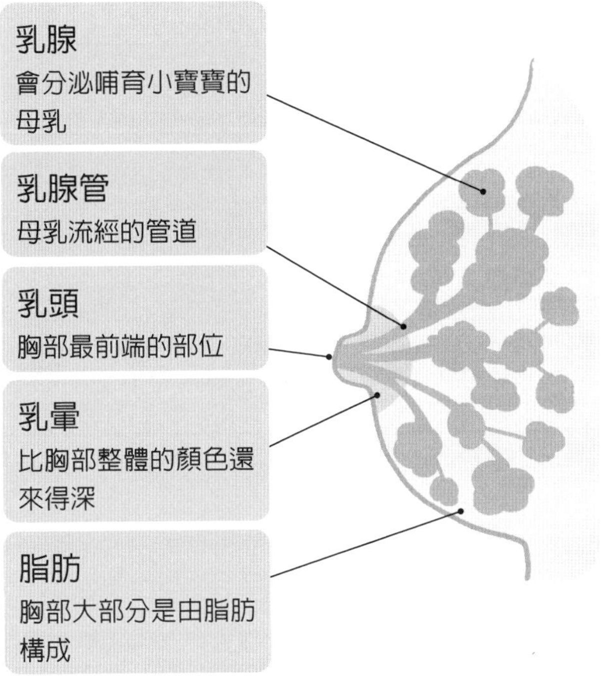
乳腺
會分泌哺育小寶寶的母乳
乳腺管
母乳流經的管道
乳頭
胸部最前端的部位
乳暈
比胸部整體的顏色還來得深
脂肪
胸部大部分是由脂肪構成

根據成長期，挑選合適的胸罩

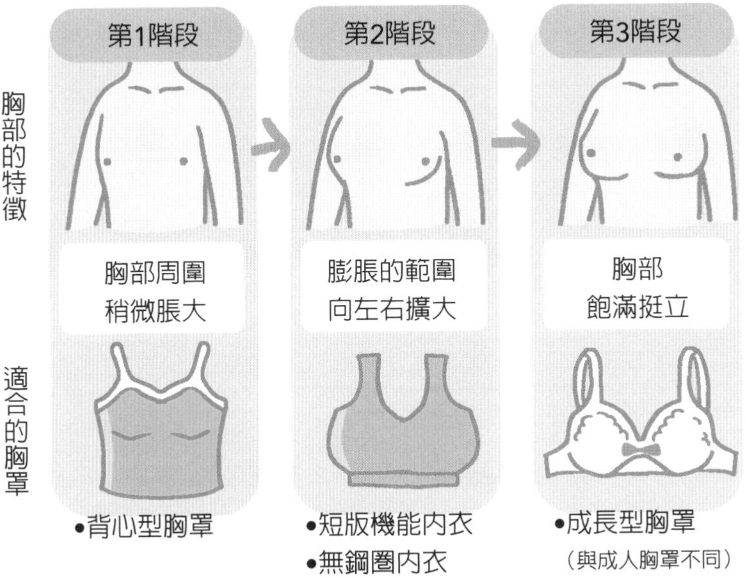
第1階段
第2階段
第3階段
胸部的特徵
胸部周圍稍微脹大
膨脹的範圍向左右擴大
胸部飽滿挺立
適合的胸罩
•背心型胸罩
•短版機能內衣
•無鋼圈內衣
•成長型胸罩
（與成人胸罩不同）

答案 ❸ 脂肪量

胸部大多由脂肪構成。
無論胸大胸小，皆是美麗。

Q13

哪一項工具能幫助我們計算月經週期呢？

❶ 體溫計　❷ 血壓計　❸ 體重計

定時測量體溫，找出自己的生理週期

月經（生理期）報到第一天到下次月事來潮的前一天，是一個生理週期。週期長短不一，主要受到兩種女性荷爾蒙分泌量影響，分別是黃體酮（又稱黃體素，progesterone）與動情素（estrogen）。想知道週期有多長？交給「基礎體溫」來計算！

基礎體溫是早晨起床、還沒爬出被窩前，身體還沒充分活動時的體溫。

定時測量基礎體溫，能幫助女生理解身體是否正在排卵，以及距離下次月經報到的天數。

月經來訪時，人體會進入低溫期。低溫期持續約兩週後，身體開始排卵，體溫也進入高溫期。長達十天以上的高溫期，能讓我們明白自己正在排卵。此外，一旦受孕，月經會暫停來訪，取而代之的是漫長的高溫期。

初經（初潮）初來乍到的時候，女孩們的生理週期會有些紊亂，但會逐漸穩定，待到此時，就能預測月經到來的日子了。

每個人的生理週期都不同，可以在日曆上做紀錄，觀察一下自己的週期長度。現在也有免費的手機APP能幫忙管理生理週期與基礎體溫，下載來試用看看吧！

測量基礎體溫，掌握月經週期

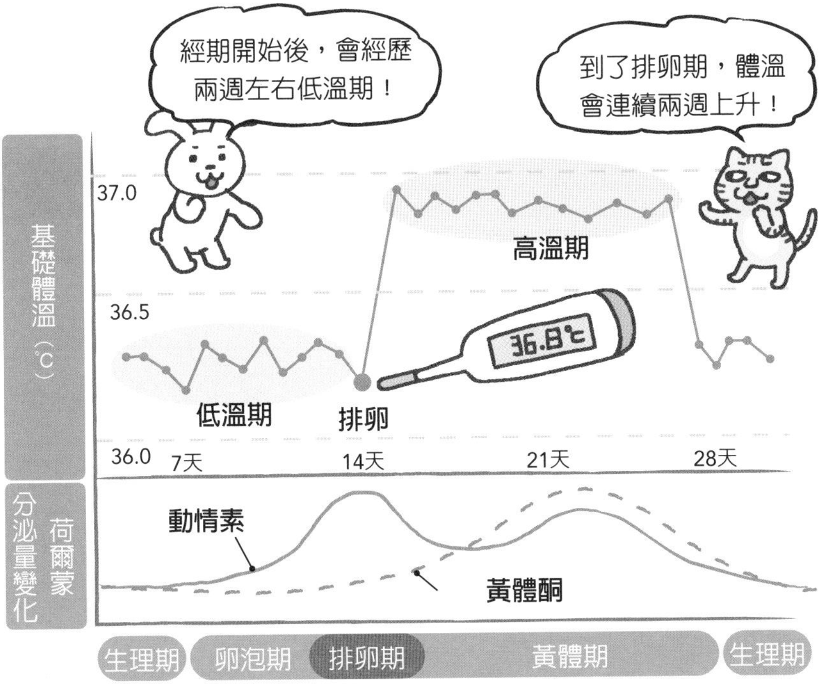
經期開始後，會經歷兩週左右低溫期！
到了排卵期，體溫會連續兩週上升！
基礎體溫（℃）
37.0
36.5
36.0
高溫期
36.8℃
低溫期
排卵
7天
14天
21天
28天
分泌量變化
荷爾蒙
動情素
黃體酮
生理期
卵泡期
排卵期
黃體期
生理期

基礎體溫測量法

Step 1

唔嗯…
咕噥…

早上起床

Step 2

放舌
頭下！

半夢半醒的狀態將基礎體溫計放在舌頭下。

Step 3

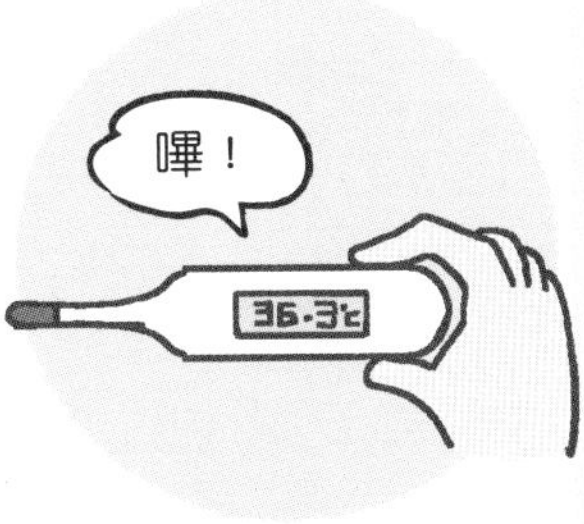
嗶！
36.3℃

確認體溫

答案 ❶ 體溫計

關鍵在於早上一起床立刻測量體溫的動作。
用專門的基礎體溫計量體溫。

Q14

下列哪個物品不是生理用品？

❶ 衛生棉　❷ 手帕　❸ 衛生棉條

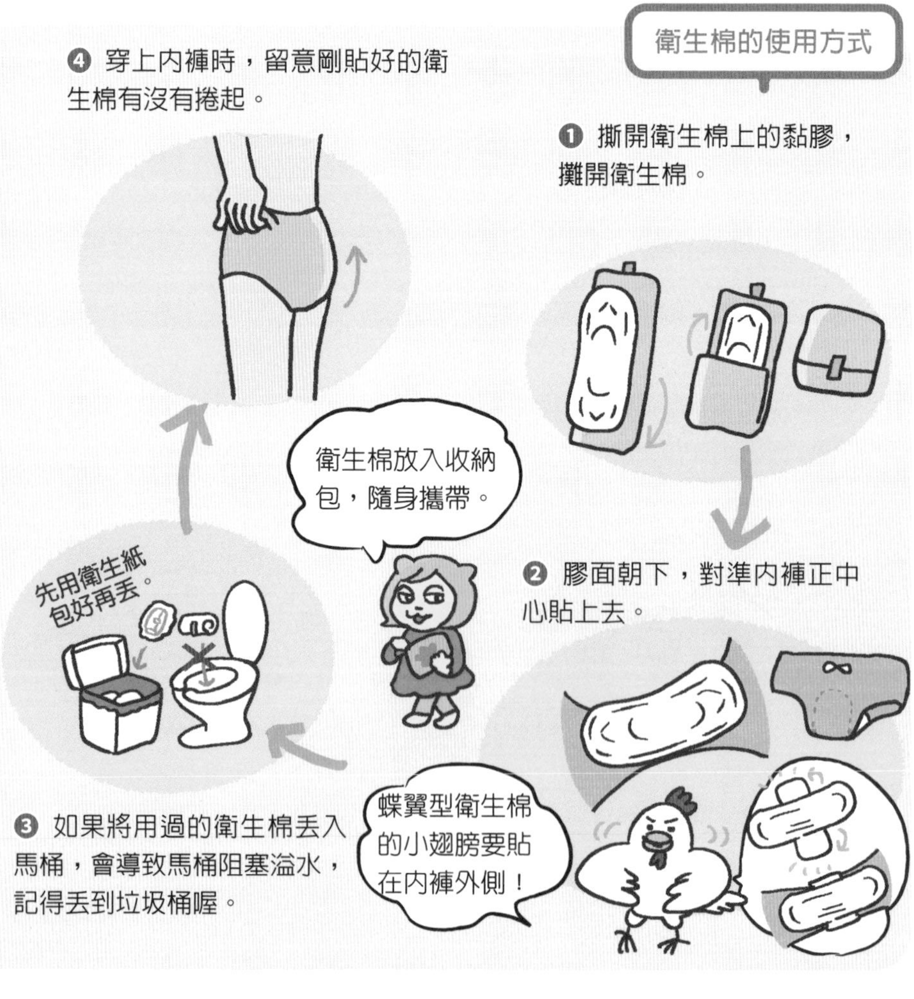

衛生棉的使用方式
❶ 撕開衛生棉上的黏膠，攤開衛生棉。
❷ 膠面朝下，對準內褲正中心貼上去。
蝶翼型衛生棉的小翅膀要貼在內褲外側！
❸ 如果將用過的衛生棉丟入馬桶，會導致馬桶阻塞溢水，記得丟到垃圾桶喔。
先用衛生紙包好再丟。
衛生棉放入收納包，隨身攜帶。
❹ 穿上內褲時，留意剛貼好的衛生棉有沒有捲起。

依照自己的喜好、需求挑選生理用品

提前準備好生理用品，防範未然，迎接初經（初潮）不用慌。

能吸附經血的衛生棉是最受大眾青睞的生理用品。

衛生棉百百種，挑選學問多。經血量多的日子與睡覺時選用加長款，運動日就挑蝶翼型，針對不同情境，適當換用舒適的款式吧。

另外，布衛生棉是過敏膚質的好夥伴。

衛生棉放入小包收納，戶外行動超便利。多準備幾個隨身攜帶，就不怕生理期突然報到了。

走進洗手間，若是看到別人隨意棄置使用過的衛生棉，是不是覺得非常噁心？

更換衛生棉時，將含有經血的那一面向內折，撕開新衛生棉的防水外紙，拿來包覆髒衛生棉，再用衛生紙包好，最後丟入垃圾桶。這個貼心的小舉動，能讓下一位使用廁所的人感到舒適衛生。

在經血較多的日子，選用量多型衛生棉或頻繁更換，是防漏好撇步！

五花八門的生理用品

●布衛生棉

觸感舒適親膚，還能清洗後重複利用的衛生棉。

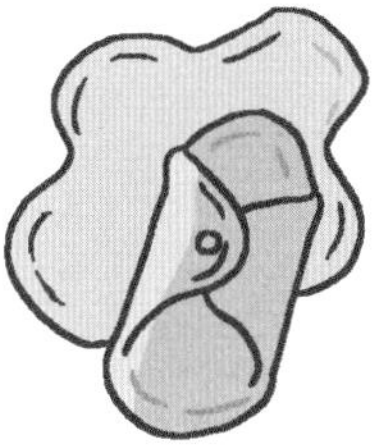

●生理內褲

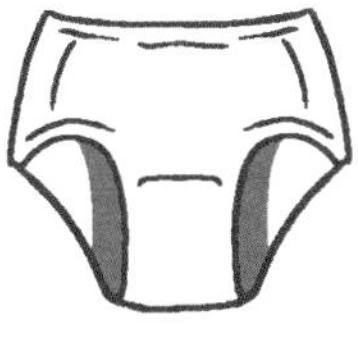

款式眾多，如口袋型，衛生棉不易位移的貼身內褲。

●衛生棉條

放入陰道內直接吸收經血的生理用品。

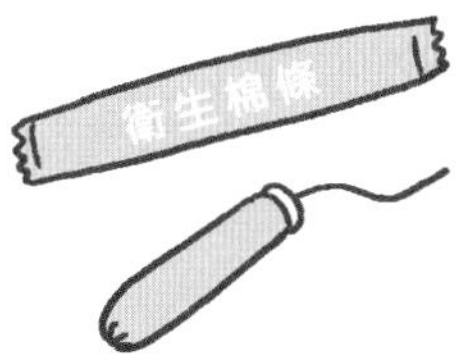

答案 ❷ 手帕

最受歡迎的生理用品是衛生棉。

Q15

每次生理期會流多少經血呢？

❶ 50毫升　❷ 500毫升　❸ 5毫升

你的「正常流量」不是她的「正常流量」

如同女孩們的外貌各有千秋，每個人的月經也充滿自己的個性。

初經來潮頭幾年，生理週期還不是相當穩定，但會在循環不斷間逐漸固定下來，基本上月經一個月會來一次。說是一個月，但週期內仍存在天數的差距，多數人的週期是25～35天，一次生理期的天數約3～7天。

經血不會一次流乾，而是分好幾天從體內緩緩排出。整個經期內流出的經血量，加起來約50～100毫升。一般而言，第一天的流量偏少，第二天最多，第三天開始逐漸減少。大家應該會很驚訝，一次生理期流出的經血量，居然只有3～7大匙！

如果你的生理期一直以來都很規律，卻突然長達三個月沒來，就要趕緊告訴媽媽或者掛婦科諮詢看看喔！

我想要知道更多！

初經報到頭幾年，是月經的練習生時期

生理初來乍到的前幾年，是月經的練習生時期。生理期只來兩天或長達十天以上，都不要過度恐慌。等過了好幾年，月經的持續天數仍然過長或太短，再找醫生檢查吧！

出處：unicharm

與月經相關的各種疑問

●生理週期是什麼？

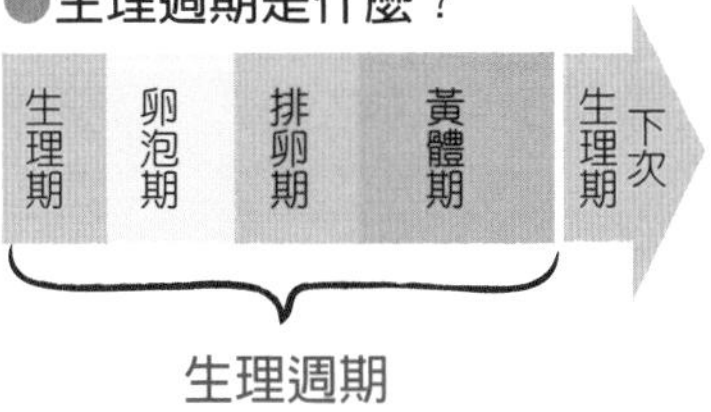
生理期
卵泡期
排卵期
黃體期
下次生理期
生理週期

月經報到第一天到下次生理期之間的天數。

通常約25～38天！

生理週期因人而異，25～38天都是正常天數。青春期的時候還不是很穩定，20歲左右會趨漸規律。

●月經會持續幾天？

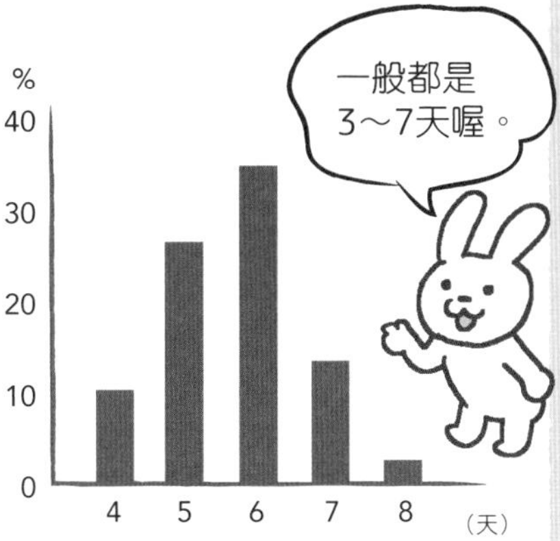
一般都是3～7天喔。
%
40
30
20
10
0
4
5
6
7
8
(天)

通常持續3～7天。經血不會一次流完，而是分成好幾天慢慢排出。

●經血量大概是多少呢？

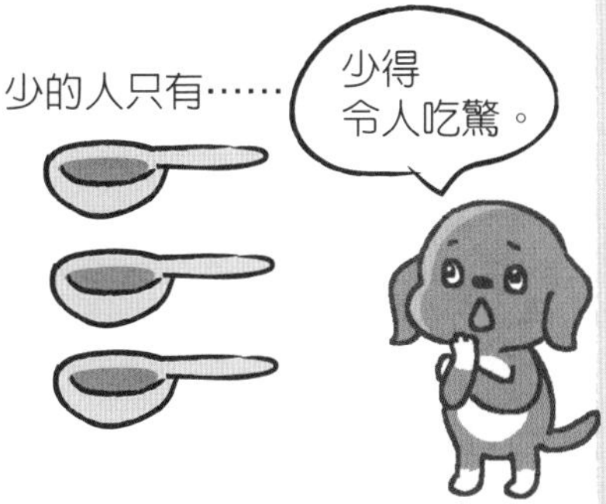
少的人只有……
少得令人吃驚。

整個經期流出的血量，大約只有50～100毫升（3～7大匙）而已。

●有量多跟量少的日子？！

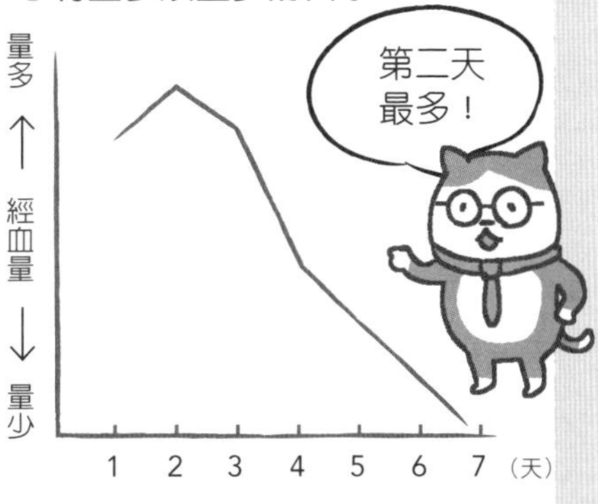
第二天最多！
量多
↑
經血量
↓
量少
1
2
3
4
5
6
7
(天)

普遍來說第一天的量偏少，第二天變最多，第三天開始又逐漸減少。

答案 ❶ 50毫升

量少的人大約會流50毫升。
一般來說，第二天的經血量最多。

Q16

月事來潮！會有哪些經期症狀？

❶ 腹痛　❷ 情緒低潮　❸ 兩者皆是

什麼是「痛經」？

痛經到底有多痛？

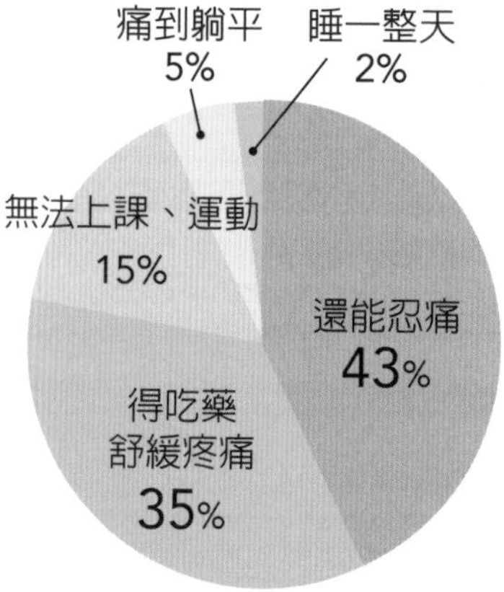

痛到躺平 5%
睡一整天 2%
無法上課、運動 15%
還能忍痛 43%
得吃藥舒緩疼痛 35%

❶ 引發疼痛的前列腺素分泌過於旺盛。

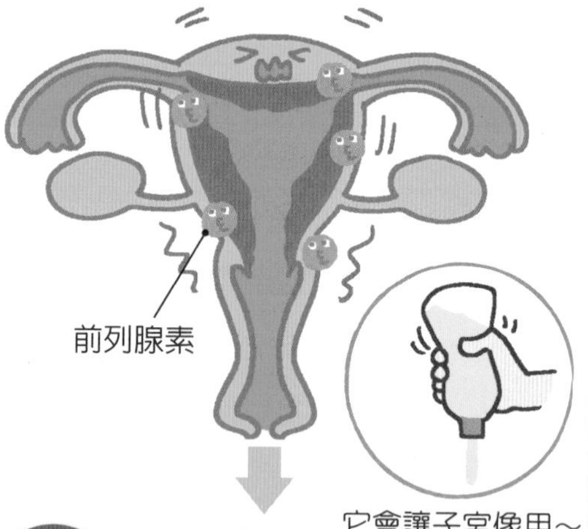

前列腺素
經血
它會讓子宮像用力擠壓美乃滋瓶似地收縮

好痛呀！
痛經

❷ 前列腺素使子宮收縮，用力排出經血。

出處：日本子宮內膜症啓發會議事務局〈月經相關疾病與校園生活〉

經痛到底有多痛？人人皆不同

月經（生理期）為女孩們帶來許多困擾，症狀與程度也因人而異。

腹痛是最普遍的煩惱，也有不少人為腰痛與頭痛所苦。常見的症狀還包含低潮期、情緒大起大落。此外，經血量較多的人因為貧血，導致臉色蒼白、頭暈目眩等。

月事來潮時，子宮反覆收縮，剝落的子宮內膜會以經血的型態被擠壓出體外。此過程的主導者是前列腺素，要是前列腺素分泌過頭，肚子疼就會找上門。而且，子宮附近的血液流動不順暢，會使骨盆到整個腰部的範圍隱隱作痛。

痛經到底有多難受？每個人的感受差異都不同，甚至連女孩彼此都無法互相理解。由於十來歲小朋友的子宮口非常狹窄，經血難以順利排出，更容易引發痛經的症狀。

要是覺得「好像快痛起來了」，建議及早服用市售的鎮痛劑（止痛藥），或者利用拋棄式暖暖包、腹圍暖和腰部周圍，也可以洗個暖呼呼的熱水澡，都有助於緩解痛經的不適感。

鎮痛妙招看這邊
保暖最重要！
暖和身體
讓身心靈好好休息
好放鬆～

答案 ❸ 兩者皆是

每個人經歷的經期症狀不盡相同。
可能會出現肚子痛、情緒性低潮等問題。

Q17

生理期前幾天，全身上下不對勁的症狀叫什麼？

❶ PMS　❷ PTA　❸ SML

有些人的經前症狀比生理期更難熬

月經（生理期）報到前幾日，心情變得暴躁易怒，不僅低氣壓籠罩，胸部還會脹得不舒服。

各種不愉快的感受，通稱為「PMS」，或叫作「經前症候群」。會在經期前3～10天左右找上門，帶來許多身體不適的症狀。通常會在生理期來臨後舒緩許多，甚至消失得無影無蹤。

為什麼會有PMS呢？目前還沒找到確切原因，只能推論是兩種雌性激素（動情素、黃體素）的分泌量急劇變化導致。

PMS不只是造成生理上的身體不適，也會帶來情緒波動。身體症狀多半反映在胸部與下腹部悶脹（疼痛感）、頭痛、四肢水腫，甚至體重增加等；心情上則會感受到陰鬱低落、惶恐不安與煩躁生氣。

避免不規律的生活，保持飲食均衡，隨時提醒自己要過得自在健康，就是遠離PMS的不二法門。

時序更迭、體質差異，都會左右每個人面臨PMS時的嚴重程度，這個時期對部分族群來說，甚至「比生理期更難熬」。

生活被PMS嚴重打擾的話，不妨去診所尋求醫生的幫助吧。

PMS（經前症候群）帶來哪些症狀？

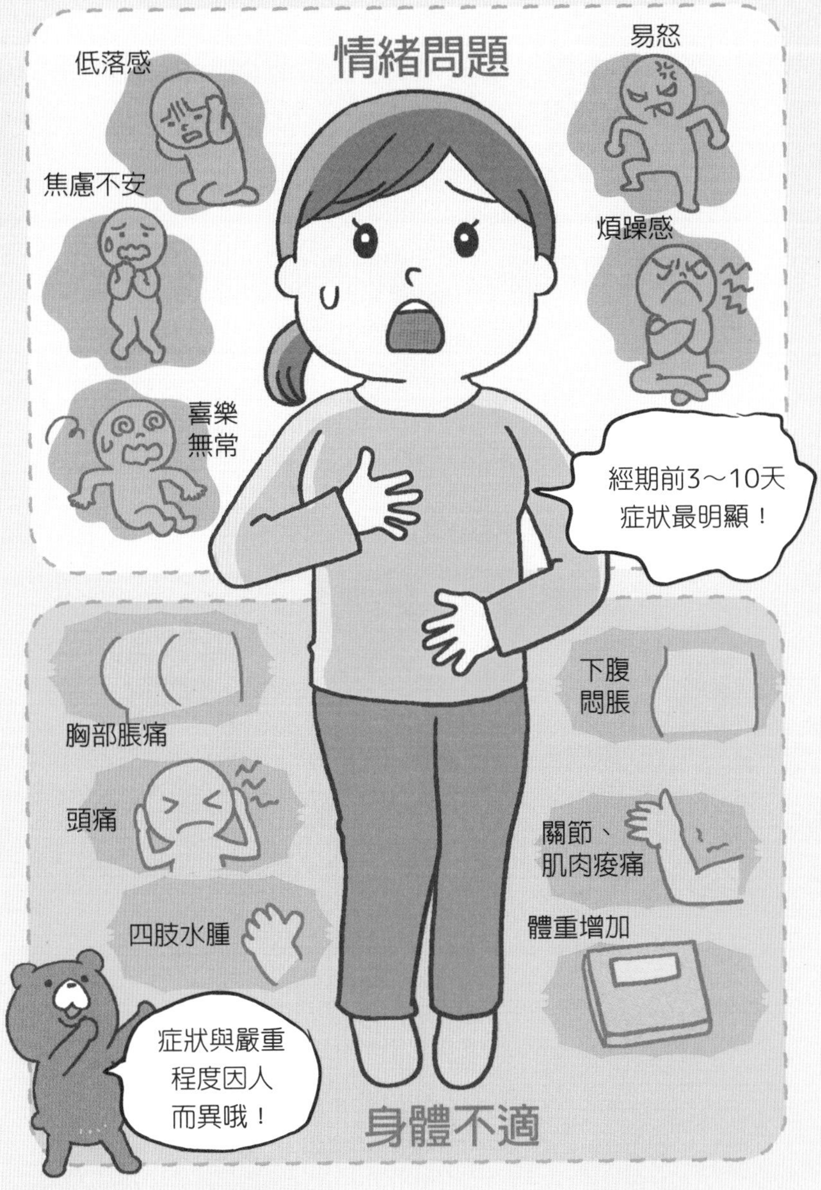

答案 ❶ PMS

通稱PMS（經前症候群），
每個人的症狀與嚴重程度都不同。

Q18

青春期能不能減肥呀？

❶ 減肥無妨　❷ 最好避免

青春期減肥停看聽！

必須再瘦、
更瘦、超級瘦！
當心減肥
減出一身病！
厭食症
也來參一腳
經期失調
來敲門
身高成長
遇瓶頸
種下骨質疏鬆
的隱憂
雌性激素分泌紊亂！

脂肪不是絕對的「壞朋友」

「我也想變得苗條……」有些女孩看到電視報導瘦身有成的曼妙女性，不禁起而效仿，甚至有人會極端減重。

青春期的身體仍在成長，此時減重可說弊大於利。身體缺乏成長所需的養分，進一步為將來的健康狀況種下隱憂。

不僅如此，過度減肥會連指揮人體分泌雌性激素的脂肪細胞也一起減光，還可能因此招來壞事，像經期失調，嚴重的話還可能停經。所以，保有適量脂肪，是維持身體健康的小祕訣。而且，雌性激素是與骨骼成長相關的關鍵要素，減肥會阻礙身體建造強健的骨骼。

「脂肪」兩字聽起來很負面，像是人體裡多餘的壞傢伙。然而，它也是身體所需的必要物質喔！

無論如何都想減肥的話……
體重變化要適當
絕不極端減重！
SLOW PACE
三餐要定時定量
不刻意禁食
答案 ❷ 最好避免

青春期減肥，
也會為生理期帶來負面影響。

我想要知道更多！

無論男女，減重先緩緩

正值青春期的男生，想要身強體壯，先放下減重！過度減肥，會影響雄性激素的分泌，人體缺乏雄性激素，精子數量銳減，對骨骼的成長有害無益。

解答女孩身體與性的兩三事！

身心小專欄

青春期來臨，女孩的身體也隨之經歷莫大的變化。
月經（生理期）等初體驗，伴隨著各種困惑。

Q 生理期可以泡澡或去游泳池嗎？

不少人有這樣的迷思，認為生理期間泡澡，經血會弄髒洗澡水。其實，經血難以衝破熱水的水壓排出體外，所以是可以泡熱水澡的。假如有疑慮，也可以等家人們都使用完浴室後再泡澡。只淋浴、不泡澡，也能放鬆身體。但若要下泳池戲水，就得當心身體著涼或傳染病，記得先詢問師長的意見。

A

只要身心靈都做好準備，泡澡、游泳都暢行無阻。

Q 生理用品哪裡買？

自己學著買衛生棉等生理用品時，是不是有點害羞？就當成轉大人的練習吧！先想想自己的需求，再挑選合適的產品。藥妝店、便利商店等離家不遠的商家，都有販賣衛生棉或衛生棉條，以及舒緩痛經的止痛藥。也可以請家人陪同購買藥品。

A

可以在藥妝店或便利商店購買。

Q 內褲沾到經血該怎麼辦？

月經來得猝不及防，一不留意就外漏，內褲髒了不要緊，用肥皂或洗潔劑搓一搓，再用溫水沖洗就乾淨了。洗衣機很難一次洗潔白帶等分泌物，建議先用手搓洗一遍再丟入洗衣機清洗。

A

培養親自手洗的好習慣。

Q 月經煩惱知多少，找誰幫忙比較好？

「婦產科」與「泌尿科」不僅能幫忙解決懷孕、生產的問題，當我們有月經或女性特有的煩惱時，也能去請求協助。身體出現怪毛病時，先跟家人商量，再找醫生解惑。將「去婦產科好丟臉」的想法丟出腦海吧！

A

尋求婦產科或泌尿科醫生的協助。

Q 自慰是正常的行為嗎？

觸摸自己的生殖器，從而感到愉快舒服的舉動稱為「自慰」。自慰聽起來像男生的專屬行為，但其實女生也可以在自我刺激裡獲得滿足。大家要記得，自慰時得找私密的空間，先將雙手清潔乾淨，自我滿足的動作要輕柔溫和。

A

女生也可以自慰！

Q19

為什麼精囊（蛋蛋）會吊掛在雙腿之間呢？

❶ 太大了　❷ 太重了　❸ 怕熱要降溫

精囊垂吊在雙腿間的神奇現象

男生的生殖器官與女生相同，分成外觀可見的外生殖器，與藏在體內的內生殖器。

男孩們熟悉的「小雞雞」與「蛋蛋」，就是外生殖器中的「陰莖」與「陰囊」。認識正確的稱呼後，再來瞧瞧它們的構造吧！

陰囊的內部藏著專門製造精子的精巢（睪丸）以及儲存精子的副睪（精巢上體）。明明是繁衍後代的重要器官，卻「掛」在雙腿間，是不是十分不可思議？

實際上，在寶寶出生以前，男寶的精巢與女寶的卵巢都長在身體內部，但是，精子非常怕熱，無法生存在高於中心體溫4℃以上的地方。這就是精囊離開身體內部、來到外側吹涼的原因。天氣炎熱時，陰囊會鬆弛下垂，天氣寒冷則縮皺起來，這都是調節溫度的表現。

除了尿尿以外，陰莖還有一個重責大任，就是勃起（第78頁）後將精子送出體外。陰莖外層的包皮是防護罩，用來保護敏感的龜頭。陰莖頂部的尿道口則是尿液與精子的出口。

男生的生殖器官

內生殖器（身體內部的生殖器官）

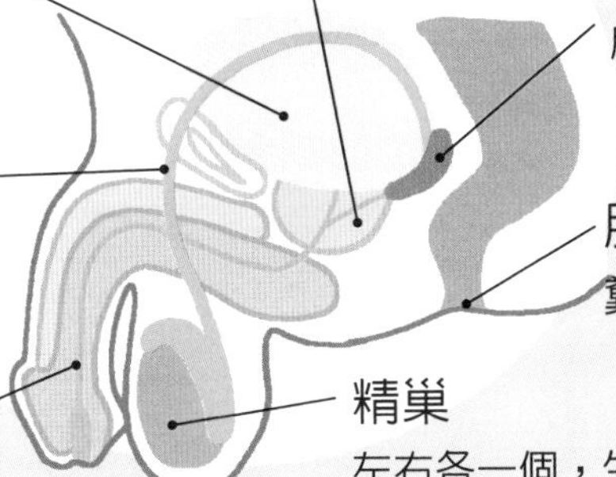
膀胱
儲存尿液的地方。
前列腺
分泌出精液的成分。
精囊
分泌出精液的成分。
輸精管
連接精巢與前列腺，是精液的通道。
肛門
糞便的出口。
尿道
尿液與精液的通道。
精巢
左右各一個，生產精子及雄性荷爾蒙。

外生殖器（身體外側可見的生殖器官）

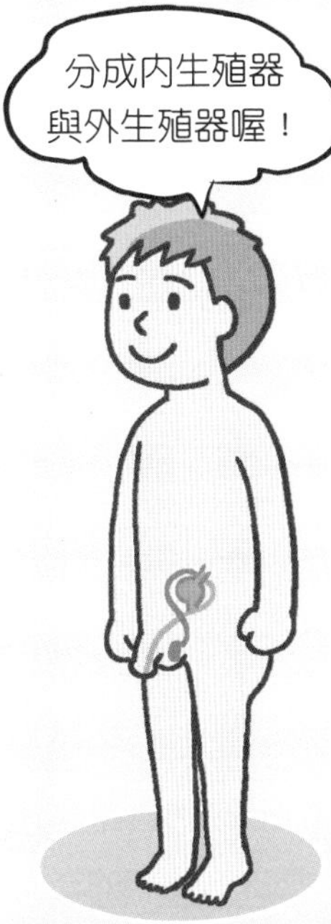
分成內生殖器與外生殖器喔！

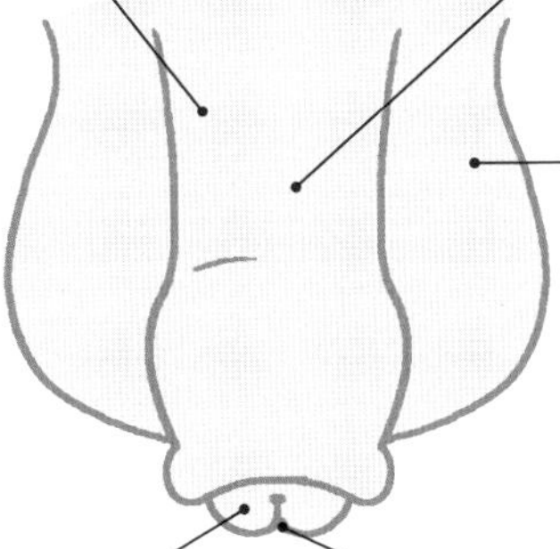
包皮
包覆著陰莖的皮膚，保護敏感的龜頭。
陰莖
俗稱小雞雞，興奮時會膨脹變大。
陰囊
垂吊在雙腿間，裡面有精巢與副睪。
龜頭
陰莖的前端。
尿道口
排出尿液與精液。

答案 ❸ 怕熱要降溫

精子無法生存在太過溫暖的環境，精囊才會垂吊在身體外側降溫。

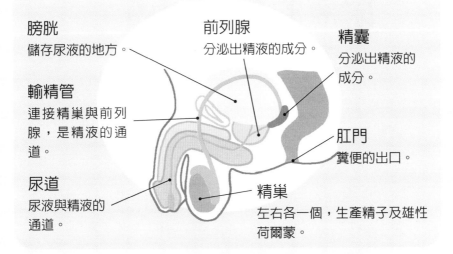

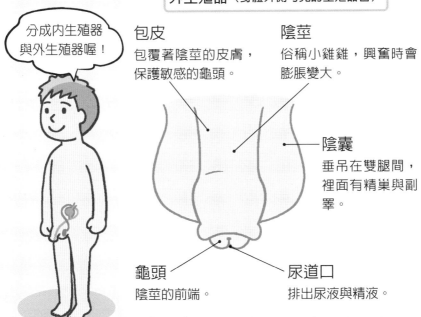

Q20

尿液的專屬通道，誰的比較長？

❶ 男女都一樣　❷ 男生　❸ 女生

男女尿道有短有長 功能也不一樣

普遍來說，男生會站著噓噓（坐著尿尿也不奇怪），女生則是坐著上廁所，原因就藏在男生、女生的身體構造差異。

成年男性的尿道長度約16～20公分左右，比女生長得多。儲存在膀胱裡的尿液會先通過陰莖，從尿道口呈一直線傾瀉而出。

成年女性的尿道長度約3～4公分，跟男生比起來顯得很短。儲存在膀胱的尿液經過短短的尿道後，從尿道口排出。由於尿道比較短，女生尿尿時，比男生更容易四處噴濺。

男生的尿道是尿液與精子的共同通道，而女生的尿道則是尿液的專屬道路。男生、女生的尿道不僅長度不同，連功能也不一樣呢！

我想要知道更多！

女孩們，當心膀胱炎！

女生的尿道偏短，且鄰近陰道與肛門，細菌更容易從尿道口入侵人體。當細菌跑進膀胱肆虐，就會引發「膀胱炎」。要記得常保尿道乾淨！

出處：《身體與疾病機制百科全書》（暫譯）-川上正舒等人監修（法研出版）

尿液的通道，男女大不同

男生會站著尿尿。

男生

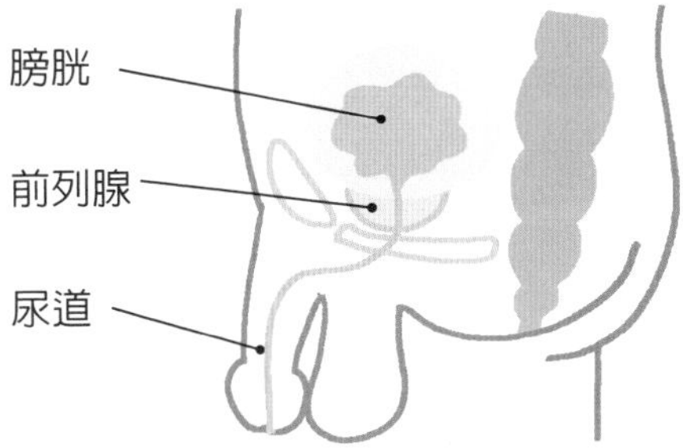
膀胱
前列腺
尿道

尿道的長度約16～20公分。
尿液會呈一直線向外排出。

女生是坐著
尿尿的喔。

女生

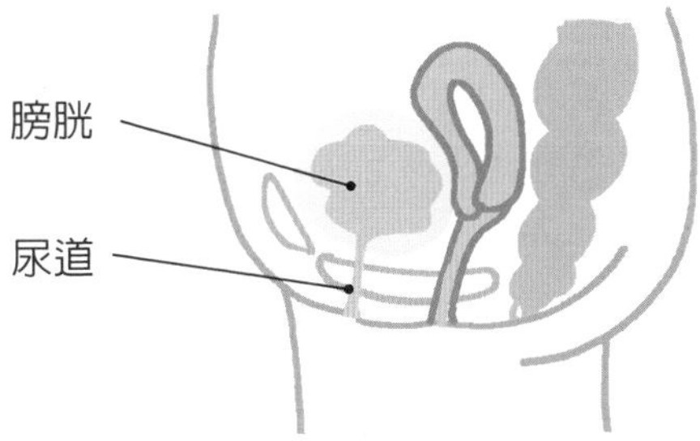
膀胱
尿道

尿道的長度約3～4公分。
與男生相比，尿液更容易四處飛濺。

答案 ❷ 男生

男女生的尿道長度大不同，
尿尿的方式當然也不一樣。

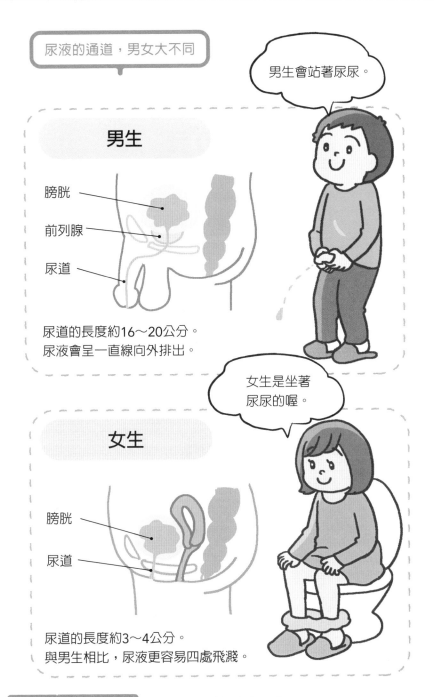

Q21

迎接第一次射精！幾歲會初精？

❶ 12歲　❷ 16歲　❸ 因人而異

初精幾歲來？
比女生的初經
還晚一點報到呢！
晚的人約18歲
12歲開始，
初精的人愈來愈多
早的人約10～11歲

答案　❸ 因人而異

有人早，有人晚，
別與他人做比較。

初精遲來報到，也不必過於憂慮

如同女生會在青春期經歷初經（初潮），男孩子也有獨特的青春體驗——「初精」。

青春期來臨後，男生的精巢會開始製造精子（第74頁），到了某天，勃起（第78頁）的陰莖前端（尿道口）會流出又白又黏滑的液體。

白色液體的真面目就是運輸精子的精液，陰莖排出精液的行為稱作「射精」。

初精幾歲報到？早的人10～11歲，多數人是12歲，晚一點則到了18歲才體驗初精感受；甚至有不少人根本記不清自己何時經歷過初精。

初精的時間點有早有晚，拋開還沒體驗射精的焦慮，按照自己的成長步調前進就好。

當身體具備製造精液的機能，也意味著自己已有繁衍後代的能力了。初精是邁向成人的一大步，是件值得慶賀的喜事，千萬別感到骯髒、羞恥。

初精知識情報站

●初精時機因人而異

是我發育太慢嗎？
我也會！
我會射精喔！

他人是他人，別為初精早晚感到焦躁不安！

●有些人壓根沒注意到

我好像初精了……？

有些男孩也說不清自己何時經歷過初精。

Q22

男生一天製造的精子數，與何者數據最接近？

❶ 臺灣的人口（2350萬）　❷ 日本的人口（1.25億）　❸ 世界的人口（80億）

精巢每日製造的精子數量

藏在男生陰囊裡的精巢（睪丸），一天能製造5000萬～1億個精子。

精液是兩種分泌物的混合液體，一是通過輸精管、從精巢移動到副睪（精巢上體）的精子，另一種是精囊與前列腺的分泌物。

每次射精約排出2～4毫升精液，比一小匙量匙（5毫升）還少！射精後的精液99％是精囊與前列腺的分泌物，剩下1％裡存在1億～4億個奮力前行的精子。

精子的外觀長得像蝌蚪，身長60微米，相當於三根細髮束在一起的寬度。精子的頭部是傳遞遺傳因子的「核」，中段的粒線體提供精子能量，後段是長長的尾巴。精子會賣力扭動尾巴，努力向前游。

我想要知道更多！

精液裡住著70天前的精子！

精子得耗費70天，才能在精巢內部的細精管裡誕生。精巢製造的精子被輸送到副睪（精巢上體）長大成熟後，靜待射精的瞬間。

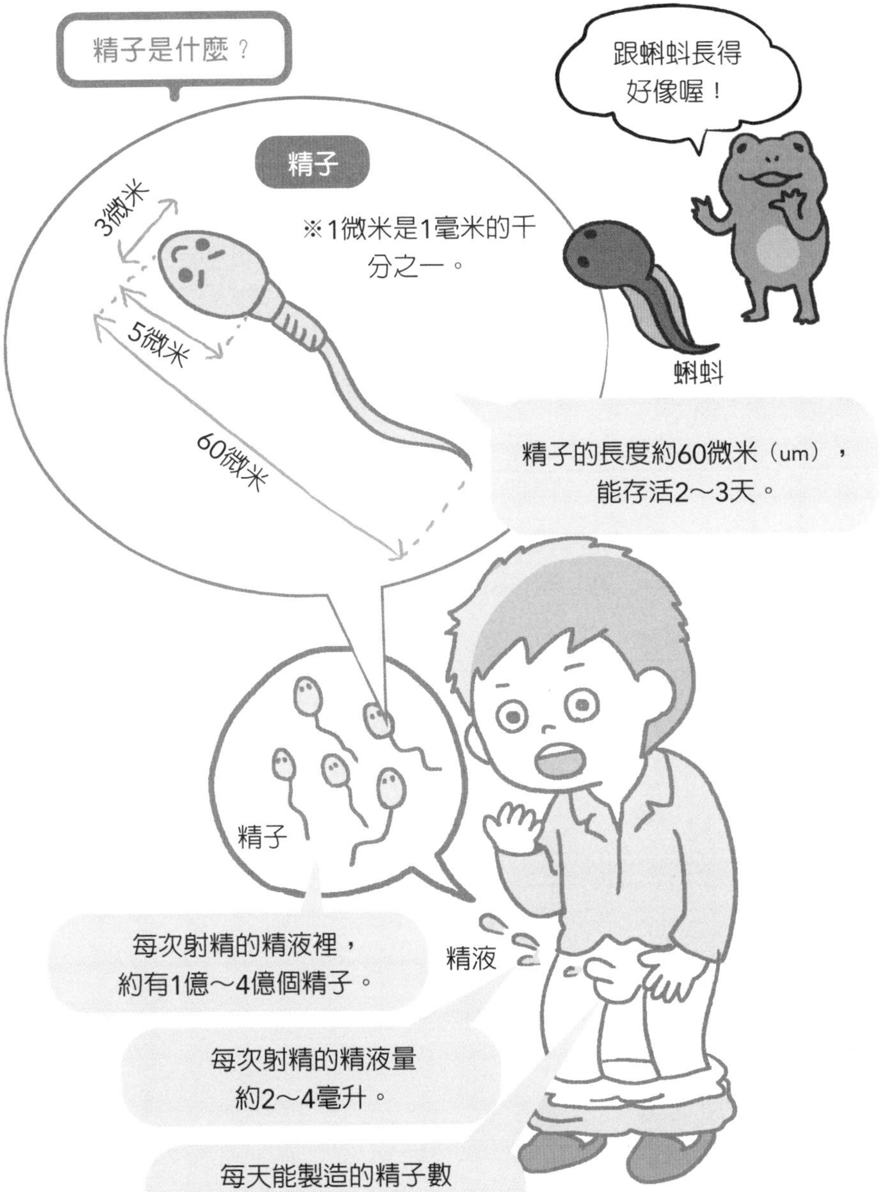
精子是什麼？
跟蝌蚪長得
好像喔！
精子
3微米
※1微米是1毫米的千
分之一。
5微米
60微米
蝌蚪
精子的長度約60微米（um），
能存活2～3天。
精子
每次射精的精液裡，
約有1億～4億個精子。
精液
每次射精的精液量
約2～4毫升。
每天能製造的精子數
約5000萬～1億個。

答案 ❷ 日本的人口

一天能製造的精子數量約5000萬～1億個。
日本的人口約1億2500萬人。

Q23

哪個時段容易勃起？

❶ 興奮的時候　❷ 早上起床時　❸ 兩者皆是

早上起床會「搭帳篷」的原因

男生得把陰莖放入女生的陰道內，精子才有機會游到卵子面前，從而創造小寶寶。

但是，陰莖軟趴趴，該怎麼插入陰道裡呀？

為了讓陰莖長驅直入，得先讓陰莖勃起、變得更粗大堅硬。青春期時，隨時隨地都撐起「帳篷」的陰莖，可是在積極鍛鍊勃起，為將來長大成人、孕育生命做準備。

除了性興奮或受到刺激之外，熟睡或剛起床時，陰莖也會無意識地勃起。

早晨起床睜開眼，發現陰莖立正站好，這個現象叫做「晨勃」，不見得是色色的夢境造成的喔。

起床晨勃怎麼辦？只要慢慢冷靜下來，再去盥洗上廁所。

我想要知道更多！

為什麼熟睡時會勃起？

人們熟睡時，快速動眼期（淺眠）與非快速動眼期（深眠）會在睡眠週期裡交替循環。男生勃起的反應多發生在快速動眼期，而人們恰好也在同一時期甦醒，才會出現「晨勃」的現象。

各種勃起的時機

性興奮的時候

看了色情的東西或腦中出現色色的想法時，陰莖就會勃起。

除此之外……

熟睡的時候

被其他物品摩擦胯下時

熟睡的時候或有東西摩擦胯下，男生都會起生理反應。

答案 ❸ 兩者皆是

不僅性興奮時會勃起，
睡覺的時候也會出現生理反應。

Q24

勃起時，是何者讓陰莖變粗變硬？

1 骨骼　2 血液　3 肌肉

情緒興奮時，血液會向陰莖匯聚

人體有超過200根骨頭，上從手指、下到腳趾都有骨骼，那男生的雞雞（陰莖）裡也有骨頭嗎？

每當男生腦海裡浮現色色的想法，平時軟趴趴垂在胯下的陰莖就會變粗硬，直挺挺地站起來，這個現象稱為「勃起」。

那是什麼因素讓陰莖膨脹？

陰莖裡面有一條尿道海綿體及兩條陰莖海綿體。海綿體是眾多血管聚集、形似海綿的器官，當性興奮的時候，大量的血液會往海綿體匯聚。

海綿體被具有韌性的外膜包覆，膨脹到極限後，升高的血壓會使海綿體變硬，這就是勃起的基本原理。勃起後的陰莖比平常粗大1.5倍！

射精或其他因素冷卻了男孩們的興奮感，海綿體內的血液量隨之減少，勃起的狀態也就結束了。

除了色情的想法盤據在腦海之外，放鬆下來或疲憊的時候也會勃起，男生的身體真奇妙！

勃起的原理

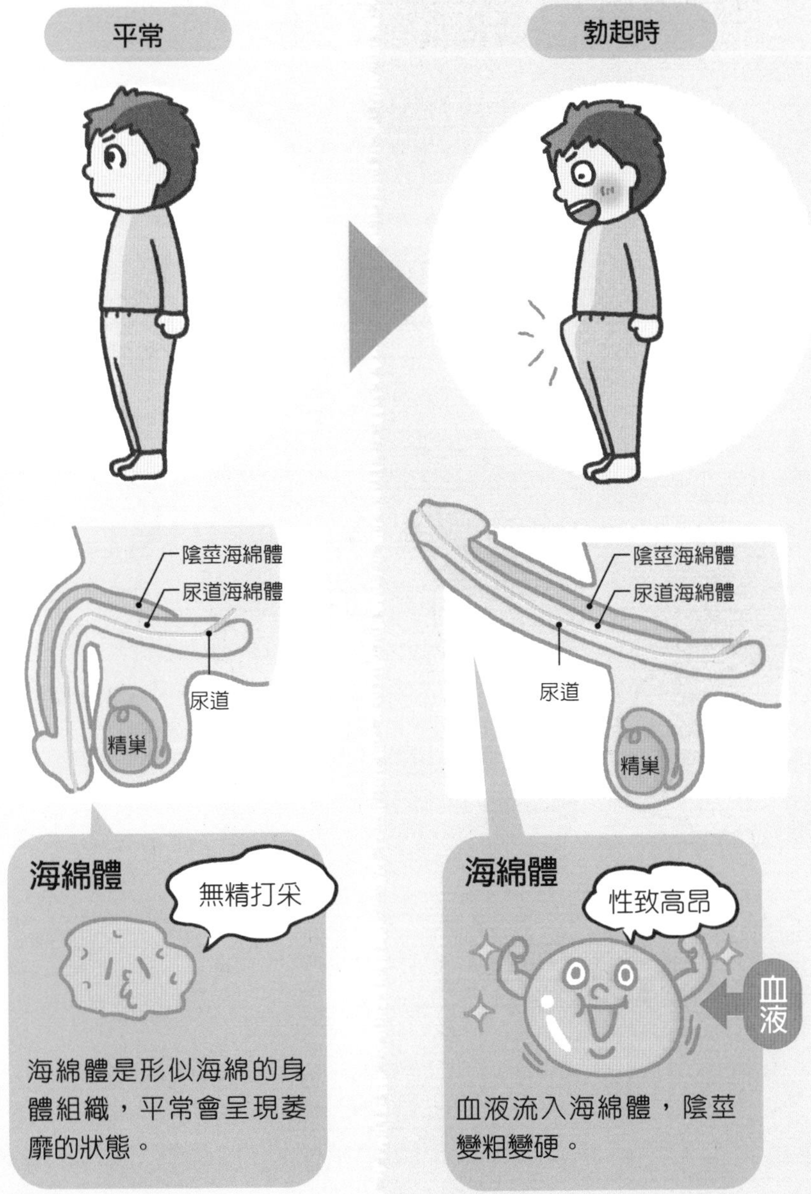
平常
勃起時
陰莖海綿體
尿道海綿體
尿道
精巢
陰莖海綿體
尿道海綿體
尿道
精巢
海綿體
無精打采
海綿體是形似海綿的身體組織，平常會呈現萎靡的狀態。
海綿體
性致高昂
血液
血液流入海綿體，陰莖變粗變硬。

答案 ❷ 血液

陰莖內部沒有骨骼。
是血液流進海綿體才使陰莖變硬。

Q25

小雞雞的長度
大約幾公分？

❶ 5 cm　❷ 10cm　❸ 因人而異

就像每個人的外貌各具特色，
陰莖的長短、形狀也因人而異。
不與他人做比較，輕鬆沒煩惱。

答案 ❸ 因人而異

長短、形狀都有個體差異，
要珍惜自己的特色喔。

就像人的長相各有千秋，男孩的陰莖也不盡相同。

好比每個人的長相都具個人特色，小雞雞（陰莖）的尺寸、形狀當然也有個體差異。

許多人推崇「陰莖愈大愈好」的說法，實際上大錯特錯。千萬別因為陰莖較大就感到驕傲，或因長度較短而懷抱自卑，怎樣才是「正常的尺寸」？誰也說不準。

有人大、有人小，你的長、他的短，從歪左邊、歪右邊到膚色都因人而異，如同一百人有一百種個性，不必與朋友比較，徒增煩惱。

雖說進行性行為時，得把陰莖放入女生的陰道裡，但性興奮勃起的陰莖有4～5公分就綽綽有餘了。

另一方面，為了保護龜頭，陰莖的包皮會包裹著龜頭，這個狀態叫做「包莖」。不少男生會為包莖所苦，但包莖不是嚴重的疾病，成人後，只要將包皮稍微往根部推，就能露出龜頭了。

不過，龜頭與包皮間容易藏汙納垢，洗澡時記得仔細翻洗乾淨！

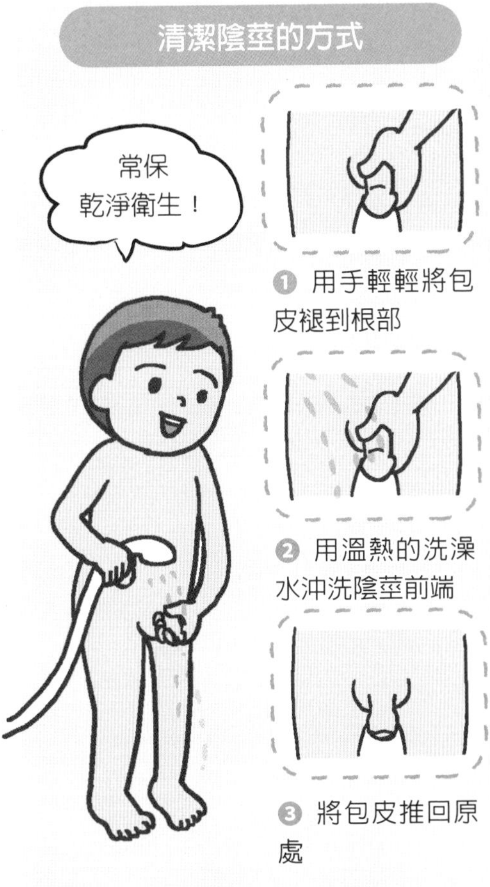
清潔陰莖的方式
常保乾淨衛生！
❶ 用手輕輕將包皮褪到根部
❷ 用溫熱的洗澡水沖洗陰莖前端
❸ 將包皮推回原處

Q26

一直忍耐不射精，精子會到哪裡去？

❶ 滿到漏出來 ❷ 被儲存起來 ❸ 被身體吸收

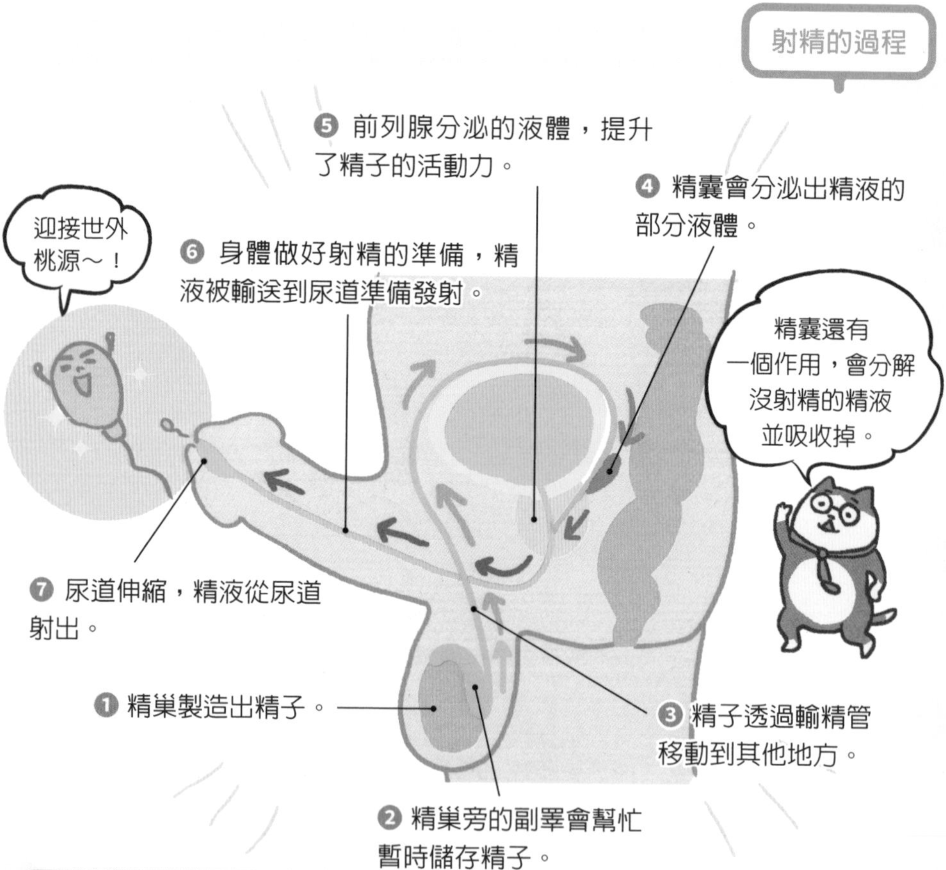
射精的過程
❺ 前列腺分泌的液體，提升了精子的活動力。
❹ 精囊會分泌出精液的部分液體。
迎接世外桃源～！
❻ 身體做好射精的準備，精液被輸送到尿道準備發射。
精囊還有一個作用，會分解沒射精的精液並吸收掉。
❼ 尿道伸縮，精液從尿道射出。
❶ 精巢製造出精子。
❸ 精子透過輸精管移動到其他地方。
❷ 精巢旁的副睪會幫忙暫時儲存精子。

答案 ❸ 被身體吸收 持續忍耐不射精，精液也不會愈積愈多。

出處：《身體與疾病機制百科全書》（暫譯）法研出版。

射精、不射精，身體沒關係

當男生邁入青春期、身體具備製造精子的機能後，精巢會日復一日產出精子、全年無休。

持續憋尿一陣子，憋到膀胱受不了，你肯定會跑去廁所解放。但精液也一樣嗎？一直忍耐不射精，精液會愈積愈多，滿到溢出來嗎？

答案是，就算忍著不射精，精液也不會堆積在體內。精子從精巢誕生後，不執行射精任務的情況下，會在體內存活數天，最後被人體分解、吸收。

你可能會遇到慾望無從宣洩，心情亂糟糟的時候。此時可以利用自慰（第89頁）等方式射精排解慾望。不過，精液不像尿液，有沒有排出都沒關係。

當身體處於亢奮的狀態時，尿道口會分泌出透明的鹼性液體，這稱作「尿道球腺液」，它能中和被尿液氨酸化的尿道，是人體準備射精時，幫助精液平安通過尿道的重要推手。

尿道球腺液裡含有微量的精液成分，有可能導致女生懷孕喔！

關於射精的小知識

不射精也沒關係

雖說人體隨時都在製造精子，但多餘的精子會被分解，不用硬是勉強自己射精。

精液一點也不骯髒

精液沾黏到內褲上，千萬別感到著急或緊張。

Q27

尿液與精液會同時從尿道排出嗎？

❶ 會　　❷ 不會

控制尿液與精液流動的兩條肌肉

男孩們的尿液與精液，都會從陰莖前端的尿道口排出。

人體的腎臟過濾出的尿液，會被輸送到膀胱裡暫時儲存起來，之後經過尿道，從尿道口排出體外。

而精巢製造的精子，會穿越輸精管，經由前列腺內側溜進尿道，再從尿道口衝出人體。

有沒有發現，尿道與精液的終點明明都是尿道口，為什麼不會混在一起呢？

的確，人體不會同時排放尿液與精液，因為尿液與精液相遇的地方附近，有兩條能準確控制尿液與精液流向的括約肌。

陰莖勃起（第76頁），人體也準備好要射精了，當精子流進前列腺附近的尿道裡，鄰近膀胱的括約肌就會收縮。

括約肌負責關上尿液前進的大門，好讓精液在射精時暢行無阻，不讓尿液來攪和。

相反地，出現尿意時，靠近膀胱的括約肌會鬆弛，讓尿液順利通過尿道排出體內。

人體居然能自由控制尿液與精液的流向，是不是非常厲害？

排尿的時候

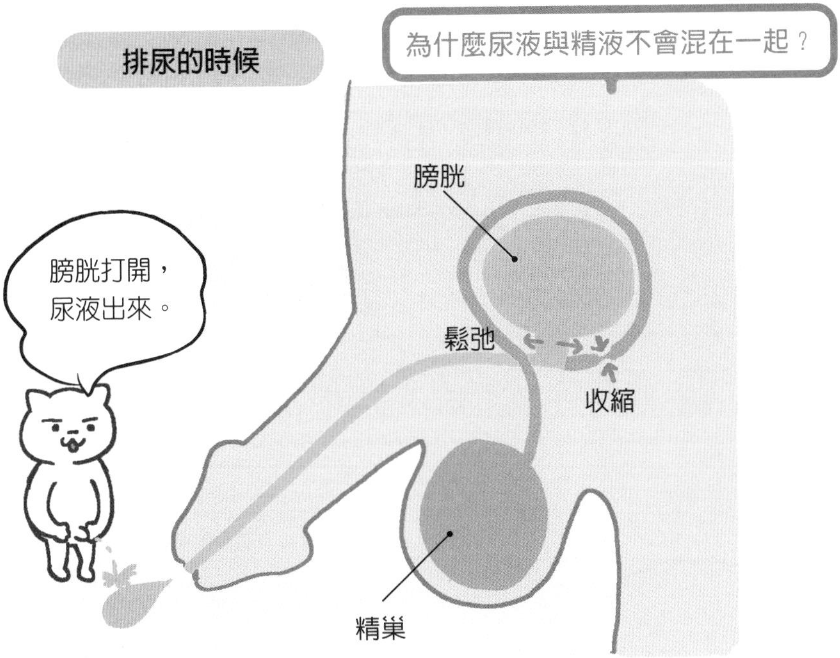

射精的時候

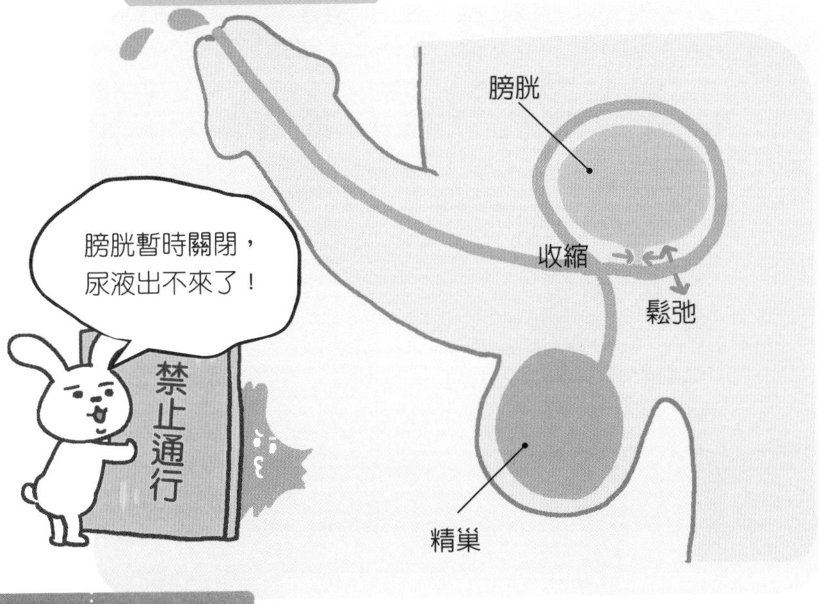

答案 ❷ 不會 兩條括約肌控制尿液與精液流動，合作無間。

Q28

對性事充滿好奇心究竟好不好？

❶ 很奇怪　❷ 很羞恥　❸ 很正常

對性事感興趣也沒關係！
想來個浪漫的接吻……
想跟喜歡的人長相廝守！
腦海被喜歡的異性占據！
不由自主想到色色的畫面……

答案 ❸ 很正常

無論男生、女生，
對性事感興趣也不奇怪。

無論男生、女生，是人都會有性欲

青春期的少男少女對異性抱有「性趣」是再自然不過的事。腦中開始浮現色色的情境，也是邁向成人世界的一大步。

生活中隨處充斥著色情刊物，搜索成人網站也非難事，但還是別太早踏入這五光十色的成人世界。因為，無論是色情書刊還是網站，都是為身心靈皆成熟的「成人」打造的樂園。

對性還懵懂無知的孩子們，貿然接收專為大人設計的資訊，會發生什麼事呢？可能會讓孩子們將必須心存敬意、尊重的人，當成洩慾的對象。

只要是人，都有欲望（性慾），不過，心智成熟的大人能控制自己的性慾。無法控制欲望，反被欲望支配的話，欲望可能驅使你做出傷害他人的舉動。

身心靈都還在成長的階段，且勿囫圇吞棗、全盤接受外界資訊，認真學習正確的知識吧！

人人都會有性欲，舒緩欲望的自慰（第67、89頁）更不是見不得人的壞事。

性致高昂雖正常，但……
●不要誤信錯誤的情報
是那樣嗎！？
●不要過於著急
我已經做過了！
好羨慕……

解惑男孩身體與性的兩三事！

身心小專欄

說到男生的身體，大家總對生殖器官或射精等好奇不已。
重重謎團中，還有許多男孩為包莖的問題所困。

Q 包莖一定得就醫治療嗎？

「真包莖」是包皮緊緊包覆龜頭，使之無法探頭透氣的狀態；將包皮往陰莖根部推，龜頭就能探出頭來的狀態則稱為「假包莖」。男寶寶剛出生時都是真包莖，隨著年齡成長，逐漸能褪去包皮、露出龜頭。許多人成年後會仍是假包莖的狀態。能正常上廁所、射精的話就不成問題。若長大後仍無法翻下包皮，可以尋求泌尿科醫師幫忙。

假包莖 → 真包莖

A 只有少部分情況需要就醫治療。

頂泌汗腺分泌旺盛的部位

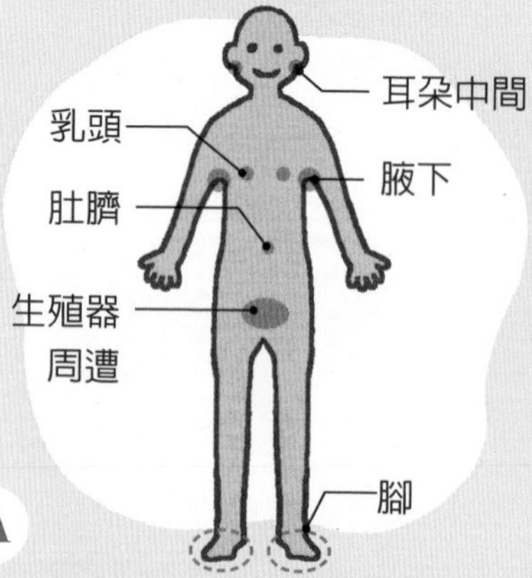
耳朵中間
乳頭
腋下
肚臍
生殖器周遭
腳

A 使用止汗產品，抑制臭味沒煩惱。

Q 難以忽視的體味

無論男女，身上都會有體味(身體的味道)。體味的元兇是「頂泌汗腺」，它潛藏在腋下、生殖器官周遭等部位。這些容易冒汗的地方，含有許多容易散發味道的成分。不想臭氣薰人，就得天天洗澡。或是適度使用止汗劑或潔膚溼巾，告別惱人氣味。

自慰很正常嗎？

不少男孩會疑惑，摸摸自己的小雞雞自慰，到底對不對？自慰也好，不自慰也罷，都沒有對錯。不過要謹記，選擇私密場所、徹底清潔手部之後再開始自慰。過度刺激生殖器官，可能導致正式上場時出現射精障礙，所以自慰動作要輕柔。

很正常喔，但切記動作要輕柔。

內褲被精液弄髒該怎麼辦？

射精的過程中，總有不小心沾到內褲的時候。此時千萬別將沾著精液的內褲丟入洗衣機，先用手搓洗，大致清潔後再用洗衣機完整清洗即可。

動手洗內褲，乾淨不留汙。

過度射精，身體會彈盡援絕嗎？

坊間流傳經常自慰會讓體內精子消耗殆盡，這是不實的謠言。沒有任何數據統計出人的一生能製造多少精子，況且每天都會有新的精子從精巢誕生，精子消亡根本是無稽之談。過度自慰會變笨，也是謠言喔。

精子不會消失。

Q29

一個卵子最多能接納幾個精子？

❶ 只有一個　❷ 最多兩個　❸ 無數個

受精卵到達子宮內膜後，安心著床

我們已經知道男性的精子與女性的卵子相遇後，結合成受精卵，最後成長為寶寶。但是，受精卵不會憑空出現，到底該怎麼懷孕呢？

月經報到頭幾天，一個成熟的卵子會離開卵巢，向輸卵管噴出。

男女性行為的過程中，男生會在陰道內射精，使精子進入子宮，努力游向輸卵管，目的是為了與卵子相見。

順利到達卵子身邊的精子或許有許多個，但僅有一個精子能獲得青睞，衝破外膜，與卵子結合成受精卵。此時的卵子會張開防護膜，拒絕其他精子進入。

接著，受精卵會經歷一遍又一遍的細胞分裂，同時往子宮邁進。

排卵5～7天後，受精卵終於躺上子宮內膜這張軟綿綿的床鋪，也代表順利著床了。

精子與卵子相遇結合、著床，就是懷孕的流程。

我想要知道更多！

女生在懷孕期間出現的身體變化

懷孕後，女性的身體會發生各種變化。舉例來說，月經會在孕期暫停報到，卵巢也暫時不會排卵；乳房脹大，將來好哺乳；子宮內膜增厚等。身體為了迎接新生命，做萬全的準備。

懷孕的過程

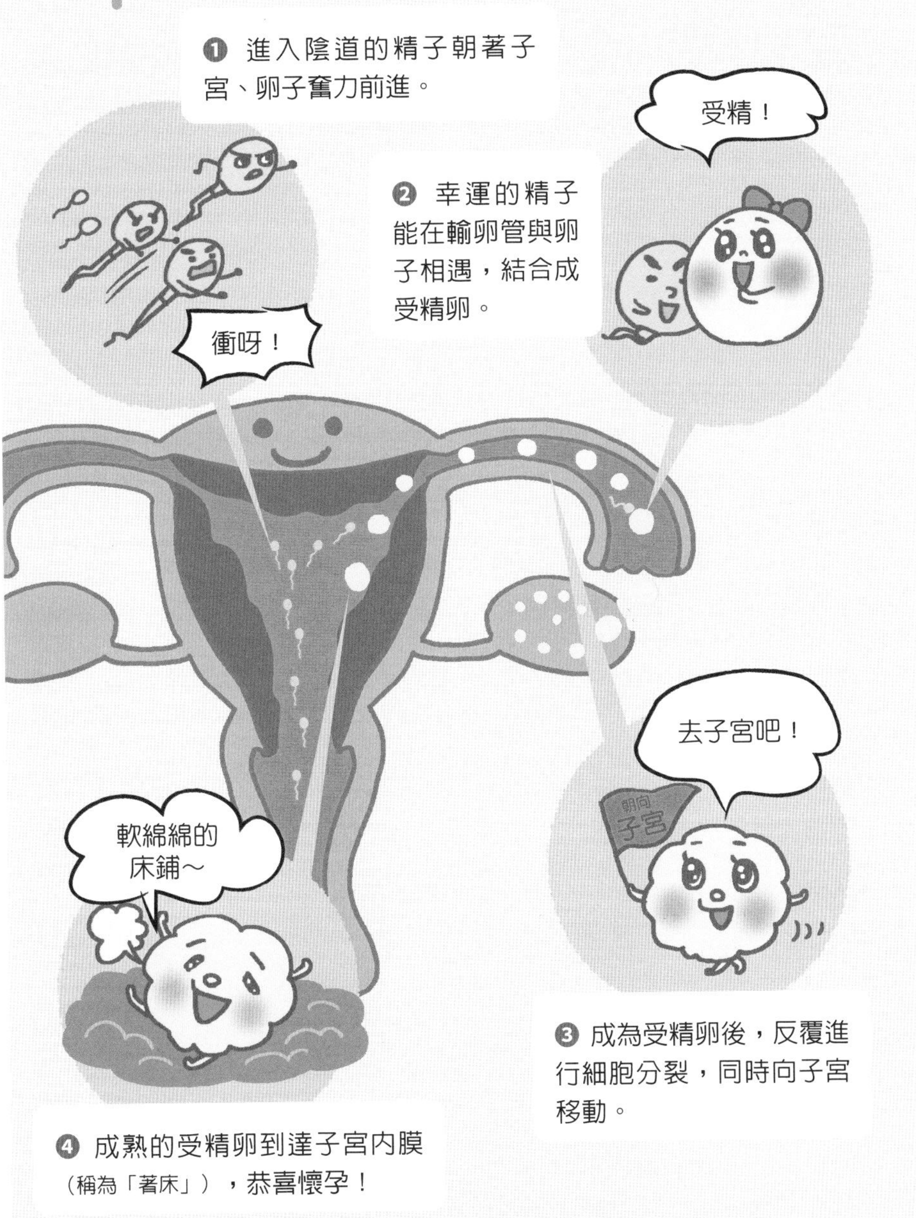
❶ 進入陰道的精子朝著子宮、卵子奮力前進。
衝呀！
受精！
❷ 幸運的精子能在輸卵管與卵子相遇，結合成受精卵。
去子宮吧！
朝向子宮
軟綿綿的床鋪～
❸ 成為受精卵後，反覆進行細胞分裂，同時向子宮移動。
❹ 成熟的受精卵到達子宮內膜（稱為「著床」），恭喜懷孕！

答案 ❶ 只有一個 僅有一個精子能夠被卵子接納。

Q30

能如願在子宮與卵子結合的精子比率有多少？

❶ 數萬分之一 ❷ 數千萬分之一 ❸ 數億分之一

精子的生存競賽
GO!!
❶射精的槍聲一響，1億～4億個精子會同時起跑。
我堅持不下去了……
❷約有99%精子遇到酸性環境的陰道就陣亡了。
發現目標！
子
宮
❸存活下來的1%精子，遍體鱗傷地到達子宮。
非我族者，殺無赦！
哇
啊
❹白血球把進入子宮的精子當成敵人，進行攻擊。
在女性的身體內，
精子們上演生存競賽。

不計其數的奇蹟降臨，女生才能成功受孕

想要成功受孕，需要數以千萬計的奇蹟來幫忙。來瞧瞧時常在女生體內舉辦的精子生存競賽吧！

男生的精液流入女生陰道，就此打響戰爭的鑼鼓聲。

每次射精的精液裡，有1～4億個精子游來游去。精子何其多，要跟卵子結合根本超級簡單吧？然而，女生的體內充斥著防禦陷阱。

第一道關卡是酸性陷阱，陰道恆常維持酸性，體質較弱的精子一踏進就一命嗚呼了。約有99％的精子會在這一關賠上性命。

僅存的1％精子，經歷嚴峻的戰鬥後，遍體鱗傷地踏入子宮的地盤。但廣闊的子宮裡，還有更多考驗等待努力前行的精子。首要威脅是白血球，它會誤認精子是邪惡的入侵者，發動強力的攻擊。

衝破重重考驗，來到輸卵管，道路卻一分為二，誰也不曉得卵子住在左邊還右邊？

把握50％成功率，做出正確選擇的精子，才能獲得與卵子相見的機會。好不容易到達終點，也只有一個精子能受到卵子青睞、成功結合。穿越一次又一次奇蹟，精子終於擁抱卵子，合體變成小寶寶的原型——受精卵。

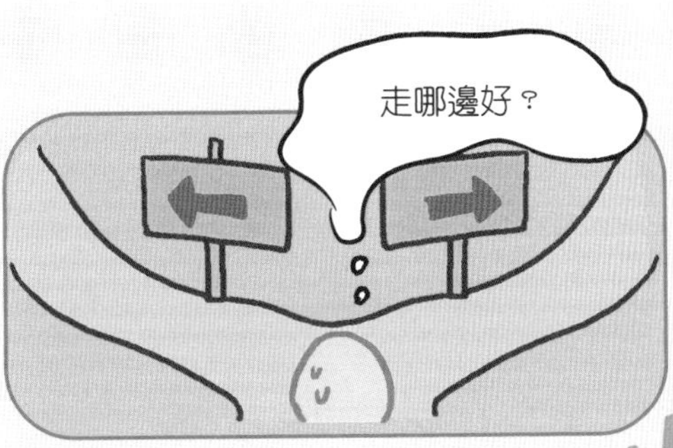

❺輸卵管一左一右，選對正確方向，才能與卵子相會。

❻僅有一顆精子能被卵子接納，結合受精。

答案 ❸ 數億分之一

Q31

小寶寶待在媽媽肚子幾個月後才出生？

❶ 3個月後　❷ 6個月後　❸ 10個月後

嬰兒在媽媽肚子裡的成長過程

懷孕6個月

體長 約30公分

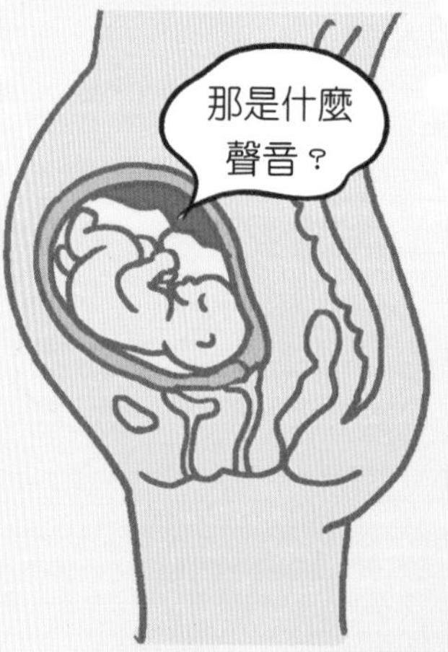

一會睜眼、一會閉眼，耳朵也能聽見聲音

懷孕3個月

體長 約5公分

出現了男女性徵

懷孕2個月

體長 約1公分

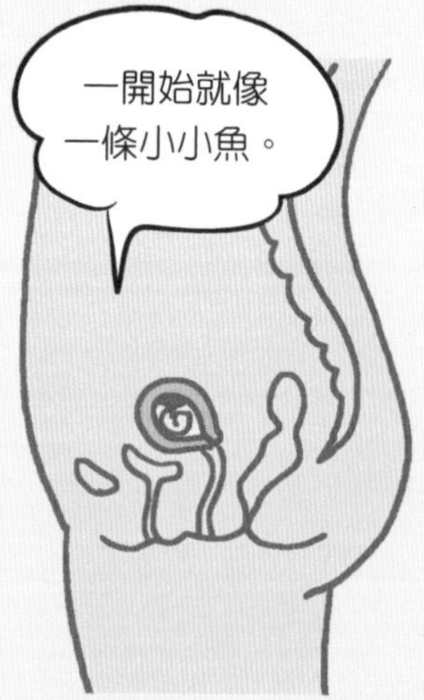

逐漸建構心臟、大腦等器官

答案 ❸ 10個月後　一般而言，孕期約10個月（280天）。

做好充足準備，開啓人世的冒險

女性的子宮是孕育寶寶的場所。子宮是充滿韌性的肌肉圍出來的口袋，尺寸比拳頭小一些。嬰兒會在媽媽的子宮裡住10個月（280天），日漸成長。

精子與卵子結合為受精卵，大小只有120微米（0.12毫米）。比縫衣針的穿線孔更迷你的受精卵，就是生命之源。

懷孕兩個月後，受精卵會成長為「胎兒」，此時的外型就像是一條小魚。然後，慢慢長出心臟、大腦等器官。

到了4個月左右，手、腳等重要器官幾乎都發育齊全了。

孕期來到6個月，寶寶身體已有30公分長，骨架發展完全，眼睛一會兒睜開，一會兒闔上，耳朵也能聽見聲音了。

在孕期第9個月，寶寶的體型成長到45公分左右，在子宮裡蜷縮成一團，媽媽的肚子看起來也又大又圓。

歷經10個月的孕程，寶寶終於做好在人世生活的前置作業，準備與我們相見歡囉。

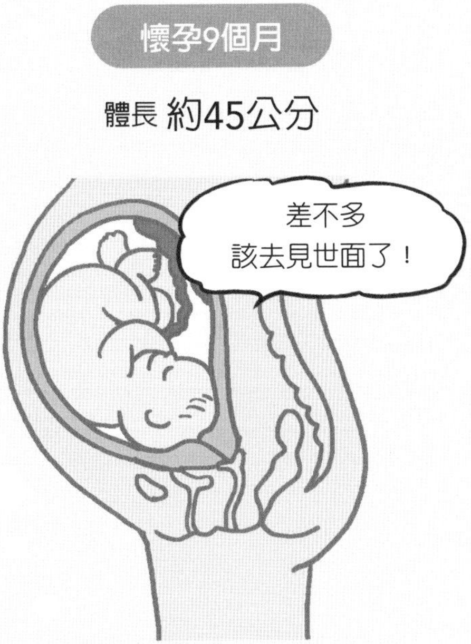
懷孕9個月
體長 約45公分
差不多
該去見世面了！

順利成長，準備跟大家相見歡了

Q32

迷你版爸爸？幼幼版媽媽？寶寶究竟像誰？

❶ 爸爸　❷ 媽媽　❸ 爸爸與媽媽

爸爸、媽媽各分一半遺傳因子給寶寶

「跟爸爸同個模子印出來的！」「根本是迷你版的媽媽！」你有沒有聽過人們看著新生兒如此驚嘆？親子不僅外貌相似，就連個性都會複製。或許是因為，孩子繼承了雙親的遺傳因子。

人體由60兆個細胞組成，每個細胞的核心有46條染色體，兩兩一對。染色體裡充滿遺傳因子。遺傳因子就像設計圖，決定了每個人的樣貌與特徵，是遺傳之本。

爸爸的精子與媽媽的卵子結合後，創造了小寶寶。有趣的是，精子與卵子當中只有23條染色體，是正常細胞的一半。在精子與卵子合體後，搖身一變成為擁有46條染色體的完整細胞了。

換句話說，爸爸與媽媽各分一半染色體(遺傳因子)給寶寶，這就是小孩會與爸媽相似的原因所在。

為什麼爸媽得各拿一半遺傳因子、成就一個完整細胞呢？這是因為寶寶獲得父母雙方的遺傳因子，較容易順應環境變化存活下來，反之，只有一組遺傳因子，被環境淘汰的風險更高！這就是生物代代相傳的聰明戰略！

孩子從雙親身上各繼承一半的遺傳因子

父母身上各有兩組遺傳因子，孩子與父母相像的原因在於，小孩從父母身上獲得各一半的遺傳因子。

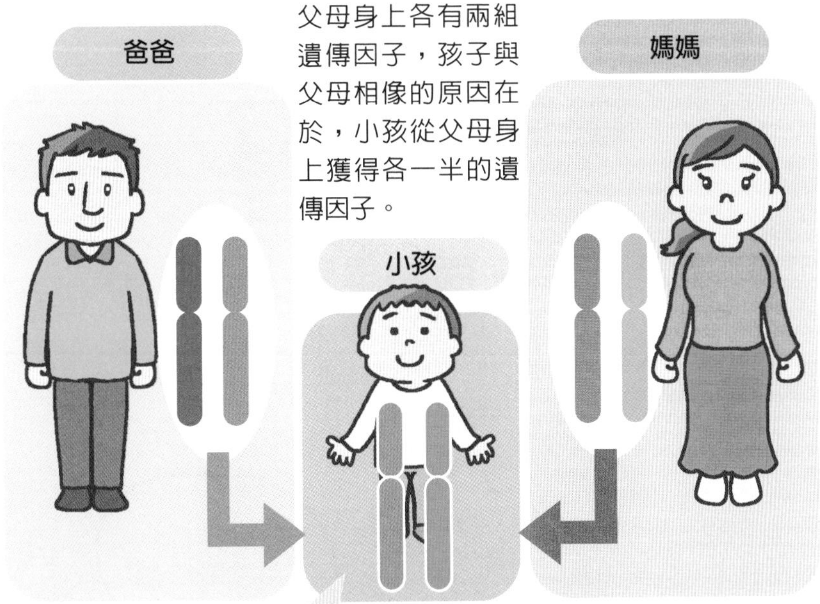

為什麼要混合爸媽的遺傳因子？

遺傳因子完全相同的話，全員被環境淘汰的機率較高，但同時擁有父母的遺傳因子，提高了存活的可能性。

答案 ❸ 爸爸與媽媽 孩子從父母身上各繼承一半的遺傳因子。

Q33

哪一刻決定了寶寶的性別？

❶ 受精時　❷ 懷孕1個月　❸ 生產時

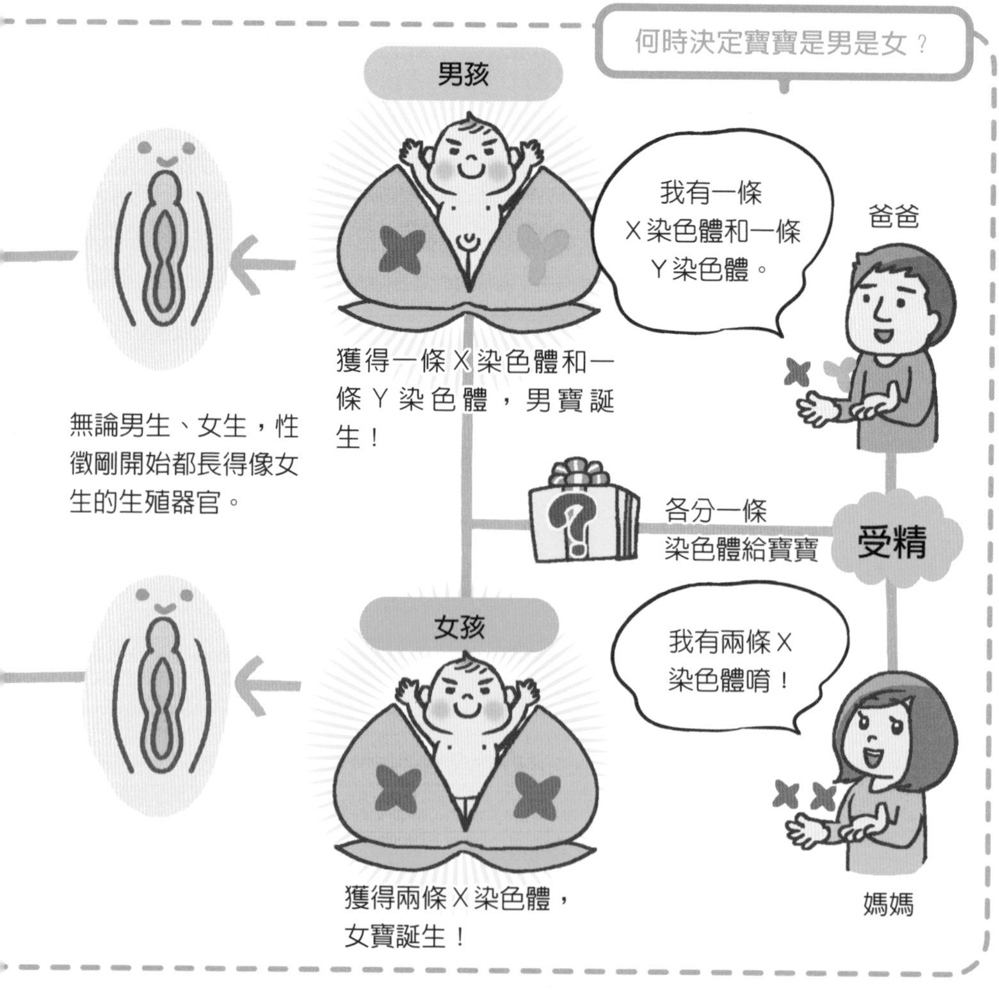

何時決定寶寶是男是女？
男孩
我有一條X染色體和一條Y染色體。
爸爸
獲得一條X染色體和一條Y染色體，男寶誕生！
無論男生、女生，性徵剛開始都長得像女生的生殖器官。
各分一條染色體給寶寶
受精
女孩
我有兩條X染色體唷！
獲得兩條X染色體，女寶誕生！
媽媽

出處：岐阜新聞、日本小兒科分泌學會網站等。

性染色體的組合，決定你我性別

「是兒子，還是女兒？」懷孕時，大家會對寶寶出生時的性別備感期待。但是，寶寶的性別是在哪一刻決定的呢？

其實，嬰兒是男寶還女寶，早在精子與卵子結合的瞬間就拍板定案了。左右男女性別的關鍵物質是掌管性別的「性染色體」（第96頁）。性染色體有X染色體與Y染色體。爸爸的精子裡有1條X染色體與1條Y染色體，媽媽的卵子裡則有2條X染色體。

爸爸媽媽各分一半性染色體給小孩，如果從爸爸身上獲得Y染色體（XY染色體組合），就是男孩；若爸爸給孩子的是X染色體（XX染色體組合），就是女孩。

孕期進入5～6週後，胎兒就具備生殖器官了，但此時性器官的外觀看起來像女生私密處。隨著孕期推進，雄性激素會讓男寶的生殖器官更有小雞雞的樣子。缺乏雄性激素幫忙的女寶，生殖器官則維持原本的模樣。

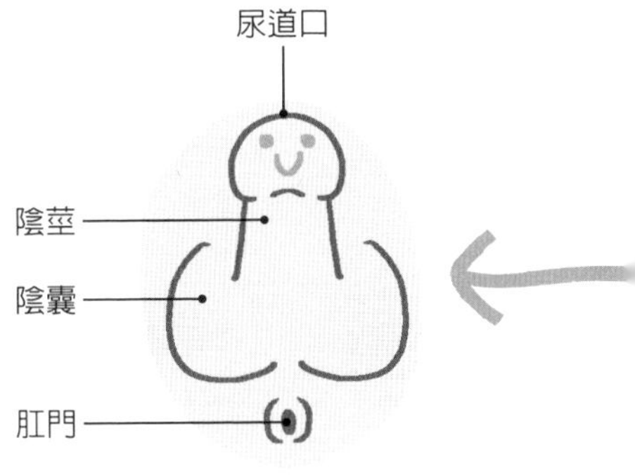
尿道口
陰莖
陰囊
肛門

雄性激素分泌較多，造就了男生的小雞雞。

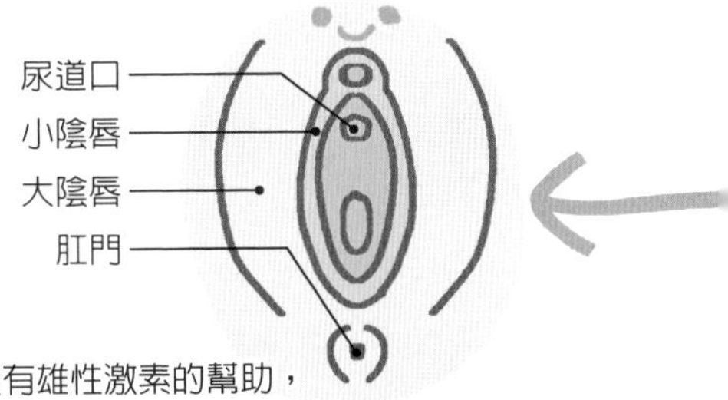
尿道口
小陰唇
大陰唇
肛門

沒有雄性激素的幫助，維持女性的生殖器官。

答案 ❶受精時

精子與卵子結合瞬間，寶寶就有性別差異了。

Q34

媽媽的臍帶不會輸送哪一項物質給寶寶？

❶ 氧氣　❷ 血液　❸ 營養

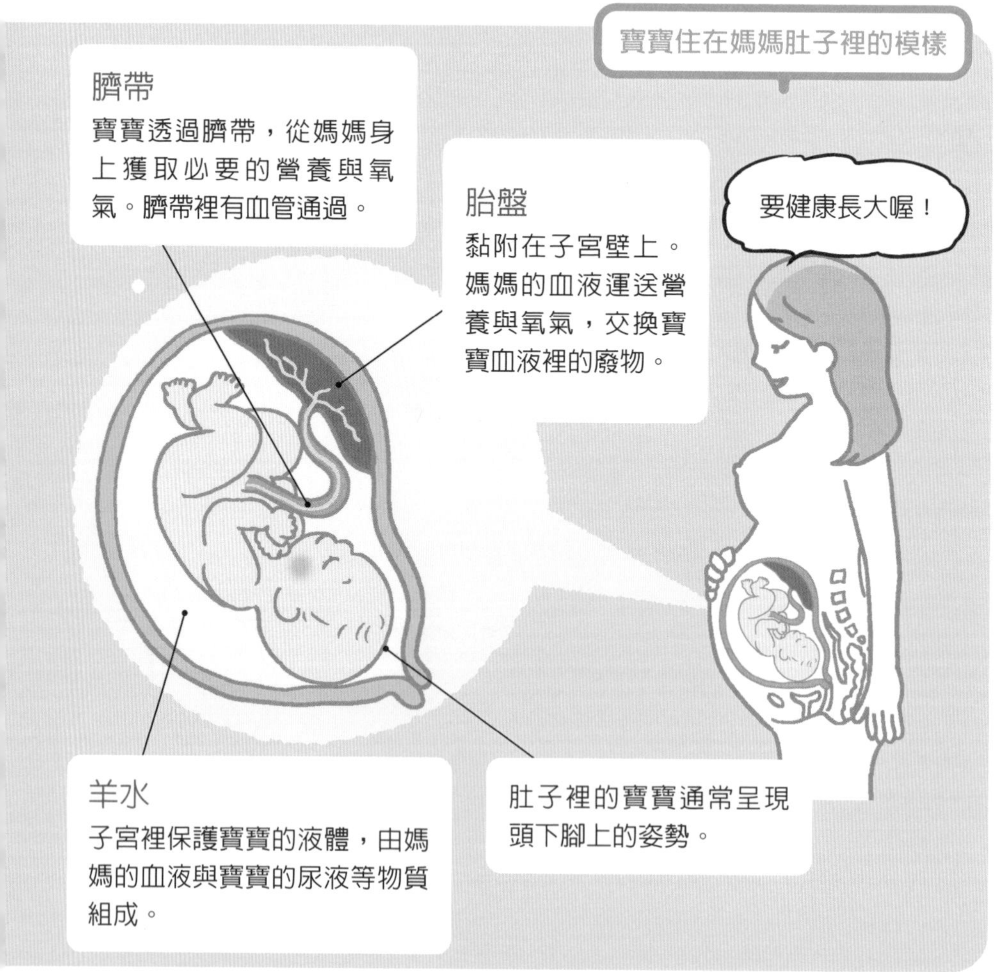
寶寶住在媽媽肚子裡的模樣
臍帶
寶寶透過臍帶，從媽媽身上獲取必要的營養與氧氣。臍帶裡有血管通過。
胎盤
黏附在子宮壁上。媽媽的血液運送營養與氧氣，交換寶寶血液裡的廢物。
要健康長大喔！
羊水
子宮裡保護寶寶的液體，由媽媽的血液與寶寶的尿液等物質組成。
肚子裡的寶寶通常呈現頭下腳上的姿勢。

寶寶與媽媽的交換道具

臍帶的功用

孕育寶寶的子宮，被一層稱為「羊膜」的薄膜包覆，裡面充盈著溫暖的液體「羊水」。

肚子裡的寶寶透過「臍帶」，從媽媽身上獲取需要的營養與氧氣。臍帶前端連接著黏附在子宮壁的胎盤，媽媽的血液會在此處卸下養分和氧氣，交換寶寶血液裡的廢物及二氧化碳。

羊水像是一顆替寶寶承受衝擊力道的抱枕，同時又具有運動場的功能，讓寶寶盡情伸展肌肉、促進骨骼發育，但最重要的作用是幫助寶寶打造健康的肺。寶寶會不斷地吸入、吐出羊水，讓肺部練習呼吸。

血液會將寶寶喝下的羊水運送到腎臟，轉換成尿液之後，再次排出體外。

母體剛懷孕不久，羊水的成分多為羊膜與寶寶皮膚滲透出的物質，隨著時間過去，寶寶的尿液就成了羊水的主要成分。多餘的廢物會透過臍帶交給媽媽，所以寶寶喝了羊水也不會出問題。

寶寶的活動知多少？

為了適應外界生活，
每天勤奮不懈地練習。

答案 ❷ 血液

能透過血液搬運營養與氧氣，
但不能對寶寶輸送血液。

Q35

雙胞胎都長得很像嗎？

❶ 都很像　❷ 也有長得不像的雙胞胎

長得一樣的雙胞胎與不相像的雙胞胎

大家的朋友裡有沒有雙胞胎？一聽到雙胞胎，是不是會立刻聯想到「同個模子刻出來」的兩個人，但其實也有長得不像的雙胞胎。雙胞胎有兩種，分別為「同卵雙胞胎」與「異卵雙胞胎」。

同卵雙胞胎指的是媽媽子宮裡的受精卵，在成長過程中偶然分裂成兩個細胞，從一人變成兩人。由於同卵雙胞胎的遺傳因子幾乎100％相同，所以不僅性別、血型一樣，連容貌、體型、聲音等特質也十分相像。

異卵雙胞胎則是兩個精子碰上兩個卵子，雙雙結合成受精卵，各自發育成小寶寶。胎兒來自不同的受精卵，所以性別可能相同，也有機會成為龍鳳胎。寶寶們的外表與體型會出現差異，感覺就像同時出生的手足似的。

我想要知道更多！

懷上雙胞胎的機率有多大？

懷上雙胞胎的機率為1%，也就是說大約每一百位媽媽，只有一位能誕下雙胞胎。每個人種懷上同卵雙胞胎的機率都差不多，但異卵雙胞胎就有差別囉！北歐約1.5%～2%，相較之下，日本只有0.6%～1%。

出處：大阪大學醫學研究科雙胞胎研究中心網站。

子宮裡的雙胞胎寶寶

同卵雙胞胎

一個精子與一個卵子受精後，受精卵分裂成兩個。

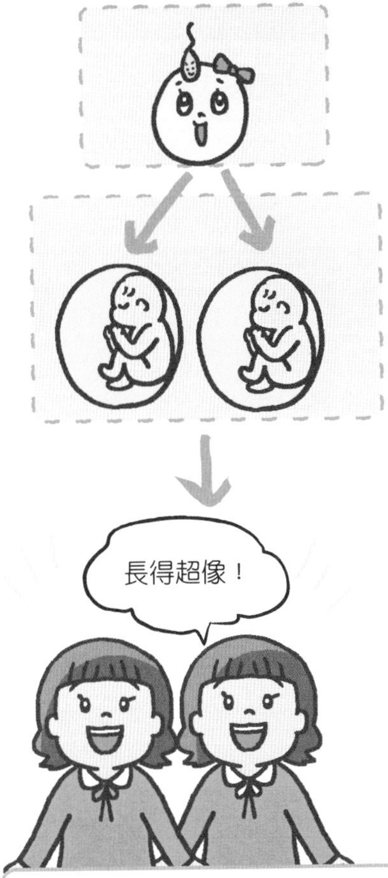

獲得幾乎完全相同的遺傳因子，因此血型、性別也一樣。

異卵雙胞胎

兩個卵子與兩個精子各自受精。類似手足同時出生的概念。

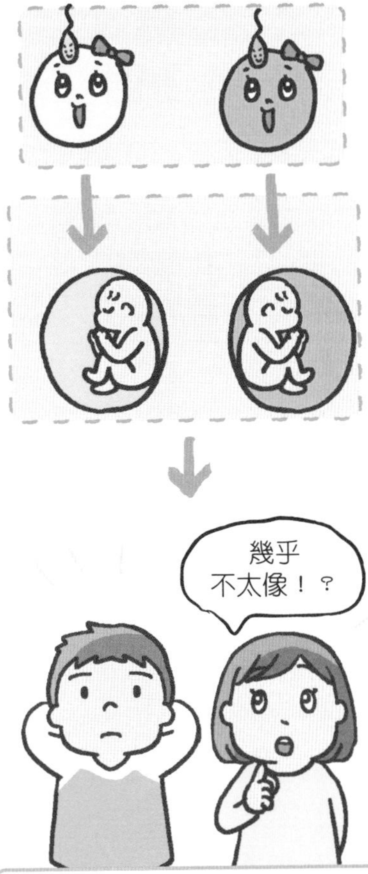

平均而言，異卵的遺傳因子只有50%相同，有機會相同性別、血型，也可能完全不同。

答案　❷ 也有長得不像的雙胞胎

雙胞胎有同卵與異卵之分。異卵雙胞胎就長得很不一樣。

Q36

哪一種反應，是寶寶即將出生的訊號？

❶ 腹痛　❷ 經痛　❸ 陣痛

媽媽與寶寶齊心奮鬥，迎接全新人生

子宮裡的寶寶吃飽睡足，準備出生時，會向媽媽發送訊號：「媽咪，我差不多該出生囉！」

媽媽的身體接收到訊號，會向子宮傳達命令，出現「陣痛」。

寶寶得通過子宮頸（子宮的出口），離開媽媽肚子。陣痛是子宮頸漸漸張開或是突然收縮、擴張的反應。起初約每10分鐘陣痛一次，但愈接近分娩，陣痛會愈來愈頻繁。

子宮頸張開後，子宮裡包覆著寶寶的羊膜也隨之破裂，羊水從陰道涔涔流出。羊水有潤滑作用，能幫助寶寶順利通過產道。

生產時，寶寶會努力將頭縮起來，身體蜷縮成小小一團，賣力鑽出狹窄的產道。媽媽的肚子也拚命出力，幫忙推小孩一把。

終於降臨到人世間的寶寶，會用力吸一大口氣，接著「哇——」地哭嚎出聲，同時吐氣，這是小寶貝第一次用肺部呼吸。

有時候為了要保護媽媽與小孩的安全，醫生會剖開媽媽腹部，取出寶寶。這種方式稱為「剖腹產」。

小寶寶出生的過程

起初約10分鐘
陣痛一次，之後陣痛
會愈來愈頻繁。

❶ 開始陣痛

寶寶向子宮頸擠壓，子宮會反覆收縮，一陣陣腹痛感襲來。

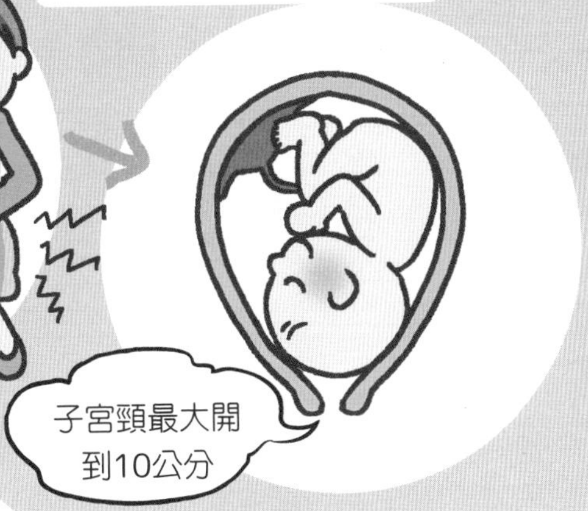
子宮頸最大開
到10公分

羊水也可能在
陣痛前就破裂了

❷ 子宮頸擴張

持續陣痛，寶寶誕生的子宮頸會逐漸擴張開來。

❸ 羊水破裂

子宮裡包覆著寶寶的羊膜破裂，部分羊水流出。

「哇──！」

❹ 平安誕生

寶寶的頭從子宮頸冒出，媽媽的肚子也拚命出力，幫助寶寶離開子宮。

答案 ❸ 陣痛

小寶寶出生的訊號是陣痛。
子宮收縮等因素，使身體出現陣痛反應。

Q37

小寶寶人生首次的大便是什麼顏色？

① 墨綠色　② 金色　③ 淡咖啡色

媽媽分泌母乳，左右寶寶糞便的顏色

在媽媽肚子裡度過十個月光陰的寶寶，伴隨一聲嚎啕大哭，降臨到人世間。剛出生的嬰兒，會進行人生首次排便。糞便黏糊糊的，呈現墨綠色，沒什麼味道。

新生兒會吸吮母親的乳房，攝取母乳的營養成分（或者以奶粉哺育）。

媽媽懷孕後，胸部雖會脹大，但孕期間不會分泌母乳，而是等寶寶出生，胸部才有泌乳能力。女性的胸部裡有15～20個生產母乳的「工廠」，稱為「乳腺」（第52頁）。受孕後，為了分泌母乳，乳腺會勤奮工作，使得周遭的脂肪增厚，胸部因此變大。

隨著寶寶平安出生，胎盤會娩出母體，此時大腦發號施令，使身體分泌「泌乳素」（prolactin），進一步促使血液供給養分給泌乳細胞。寶寶吸吮乳頭的動作，就是給予刺激，促進泌乳素分泌。

接著，大腦會分泌一種稱為「催產素」的荷爾蒙，主要工作是輸送母乳。它會讓乳腺周圍的肌肉收縮，使母乳被擠出乳管。

媽媽的母乳對寶寶而言益處多多，不僅營養豐富好消化，還能保護孩子不受傳染病侵擾。

人體製造母乳的過程

❶ 大腦（腦下垂體）會分泌「泌乳素」這種荷爾蒙，刺激乳腺生產大量的母乳。

寶寶誕生後，母體開始分泌母乳。

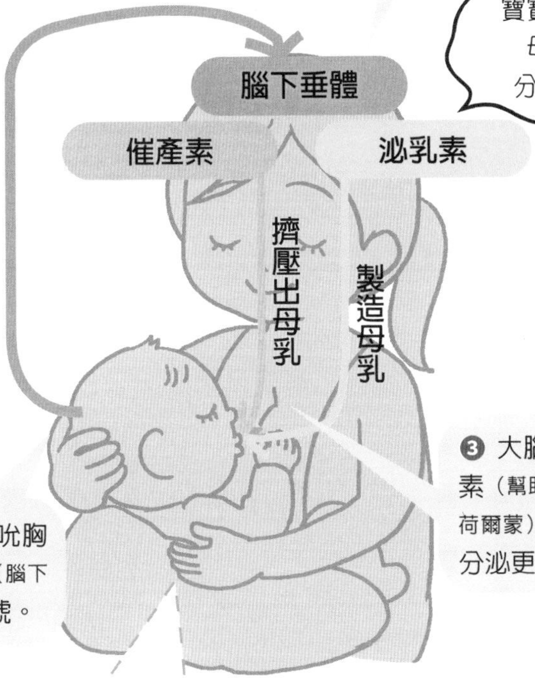

❷ 小寶寶吸吮胸部，向大腦（腦下垂體）傳遞訊號。

❸ 大腦分泌催產素（幫助母乳生產的荷爾蒙），使身體分泌更多母乳。

喝母乳的寶寶，頭好壯壯沒煩惱

幫助消化

營養豐富

不易罹患傳染病

答案　❶ 墨綠色

糞便裡包含羊水的成分、胎毛及皮膚細胞等物質。

包羅萬象的家庭形式

身心小專欄

你覺得什麼樣的家庭算「正常」家庭呢？
孕育生命的方式有許多種，家庭形式也五花八門。
只有家庭成員人數有「正常」標準。

孕育新生命的方法

體外受精與
人工授精等
（不孕症療法）
藉由
性行為受精

無論用哪種方式迎接新生命，都皆大歡喜！

嬰兒的誕生值得普天同慶

小寶寶是各種奇蹟的結晶。孩子不是說來就來，還需各種奇蹟幫一把。

數據顯示，現今每10對夫妻就有4對正在接受不孕症治療。接受診療的夫妻如此多，意味著不孕症不是少數族群的疾病，千萬別太過灰心。

不孕症療法分為身體與心靈兩部分，療程相當艱辛難熬，但期盼與孩子相見的念想，陪伴許多夫妻熬過這段歷程。除了性行為以外，也有接受人工授精，或以體外受精的方式創造新生命。

各式各樣的家族形式

頂客夫妻

單親家庭

同婚家庭

父母雙全的家庭

包容且尊重各種家庭形式的差異。

家庭成員的人數，也能劃分家庭形式

家庭的形式豐富多樣，除了父母雙全的家庭，也不乏單親家庭，意思是孩子與爸爸或媽媽相依為命；近年來，夫妻不登記結婚，由媽媽單獨生育、扶養小孩的家庭也日益增多。也有些夫妻協議不生小孩，盡情享受兩人世界。還有父母再婚，各自帶來新的家庭成員，稱為「重組家庭」。有些國家允許同性婚姻，且可以認養孩子。

你心目中的「健全家庭」，與他人認知的「理想」不見得相同。尊重不同家庭形式的差異，珍愛自己擁有的一切。

Q38

哪個國家的學校，教導避孕知識的時間點最晚？

❶ 韓國　❷ 日本　❸ 荷蘭

性行為可能使人懷孕
但是……
性行為也能說是……
還有罹患性傳染病的風險哦！
你能為新生命負責任嗎？！
最愛你了！
我愛你！
與珍愛的另一半，確認彼此心意的行為
性行為是伴隨懷孕機率的行為

答案　❷ 日本

韓國的國中與荷蘭的小學都有避孕的相關課程，日本得等上高中以後才有避孕課程。

每一次性行為，都有懷孕的可能

性行為是讓精子與卵子相遇，傳遞「生命接力棒」、孕育新生命的行為。且記，每次性行為都伴隨著懷孕或感染性傳染病（第118頁）的機率。

長大成人的過程裡，想與他人肌膚之親是很自然的想法。但身心靈都還沒做好準備，就先懷孕會有什麼後果？多數無力撫養孩子，女孩只能選擇「終止妊娠」。終止妊娠，意思是動手術扼殺肚子裡尚未出生的新生命，會對女孩的身體與內心帶來極大的負擔。希望大家先掌握「保險套」（第112頁）等避孕方式，避免憾事發生。

我們曾在第93頁提到懷孕是眾多奇蹟匯聚的結晶，然而，不可因此懷抱「不避孕也不會中獎」的僥倖心理。

日本小學、國中雖會教導男女生的身體構造與懷孕的知識，卻對避孕隻字未提。由衷希望正確的避孕知識能陪伴讀者們長大成人。

意外懷孕的話……

可能得強制終止妊娠

正因如此……

「避孕」是最重要的防護網！

Q39

保險套避孕的成功率有多高？

❶ 100%　❷ 約80%　❸ 約60%

保險套是防止懷孕與遠離性傳染病的防護罩

避孕方式多不勝數，其中最為人所知的方法是「戴保險套」。

保險套是乳膠製成的避孕工具，可完整包覆男生的陰莖，防止精子與卵子結合的可能性。不僅能避孕，還能保護自己與伴侶遠離性傳染病（第118頁）。

這並不代表保險套能100%預防懷孕。即便戴好保險套，陰莖進入陰道後，保險套仍可能破裂、脫落。

話雖如此，目前能有效避孕，同時杜絕性傳染病的避孕方式，非保險套莫屬。保護自己也是守護他人，請務必使用保險套避孕。

懷孕是女性特有的體驗，因此不僅男生，女生更應該認真學習避孕的相關知識。性行為時千萬別不好意思開口要求避孕，要勇於建立願意尊重雙方意願的伴侶關係。

還有一種避孕方式，那就是找醫生開立「複合口服避孕藥」的處方。除了避孕，還能幫忙調節月經週期、維持生理規律，同時舒緩痛經。口服避孕藥好處多，加上搭配保險套，更能防止性傳染病。

出處：Contraceptive Technology 21st edition, Ardent Media, 2018

戴保險套的方式

❶ 用手指捏住保險套前端的儲精袋。

❷ 將包皮褪到勃起的陰莖根部。

❸ 套上保險套，往根部推。

❹ 確認保險套確實套到陰莖根部。

保險套立大功

●可以避孕

為了預防意料外的懷孕，保險套避孕不能少！

●預防性傳染病

讓身體遠離各種可怕的性傳染病。

話雖如此，
保險套的避孕機率
也不是100%哦！

答案 ❷ 約80%

正常情況下，約有18%的失敗機率。
完美避孕的狀態下，懷孕率仍有2%。

Q40

身心的煩惱不少，找誰解惑比較好？

❶ 親人或老師　❷ 陌生人　❸ 網路

先向身邊的人拋出求助訊號

在青春期的路途中，心情常在獨立自主與依賴他人之間搖擺不定。時而感到懊惱生氣，有時又覺得無助恐懼，這是個常與煩憂、壓力為伍的年紀。

有太多事情令人煩惱，怕自己發育太慢，或遇到人際、感情的情緒低潮。當煩惱找上門，千萬別一個人默默忍受，向值得信賴的大人們發射求助訊號吧！像是父母、學校老師或輔導室等等，他們會傾聽你的憂愁，為你指引正確的方向。

隨著科技進步，利用電腦或智慧型手機上網認識新朋友是很稀鬆平常的事情。不想對父母或老師傾訴內心話的孩子，轉而向網路上的陌生人大吐煩惱，必須小心危機暗藏其中！對著素未謀面的網友吐露隱私，可能成為壞人犯罪的獵物。

無論如何都不想對親人或師長敞開心扉的話，國家政府或地方單位（鄉鎮市）也有專門的諮詢單位，不妨撥通電話或寫封電子郵件詢問看看吧。

找誰諮詢煩惱比較好？

爸爸與媽媽
學校的師長
媽媽，
聽我說……
我想問問題！

網路
陌生人
誰可以幫幫我？
你可以聽聽
我的煩惱嗎？

答案 ❶ 親人及老師

請不要在網路上或向陌生人傾吐私密資訊，
避免危險找上門。

Q41

幾歲才可以生小孩？

❶ 16歲　❷ 18歲　❸ 身心發育健全之後

你是否願意背負生兒育女的責任？

性行為本身沒有錯，然而一定伴隨著懷孕的可能性。

愈年輕，懷孕機率愈高，因為年輕人的精子、卵子精力旺盛，更加容易受孕。

懷孕了，有了寶寶，同時也意味著你成為「家長」，必須承擔養兒育女的責任。男生經歷初精、女生初潮來臨後，身體便具備繁衍後代的機能，但此時的你，是否有能力承擔這個重責大任？

養育兒女得先有穩定的經濟能力，為此，只能選擇出門工作賺錢養家。

當我們埋頭工作，可能得忍痛割捨曾經懷抱的夢想。

青春期是身心朝大人邁進的旅途，在這尤其珍貴的時期，盡情享受煩惱、努力學習，終有一天會看到屬於大人的風景。

就算朋友們比你更早體驗性行為，也不要為此焦慮或羨慕。等到你成為獨當一面的大人、環境穩定之後再體驗也不晚喔！

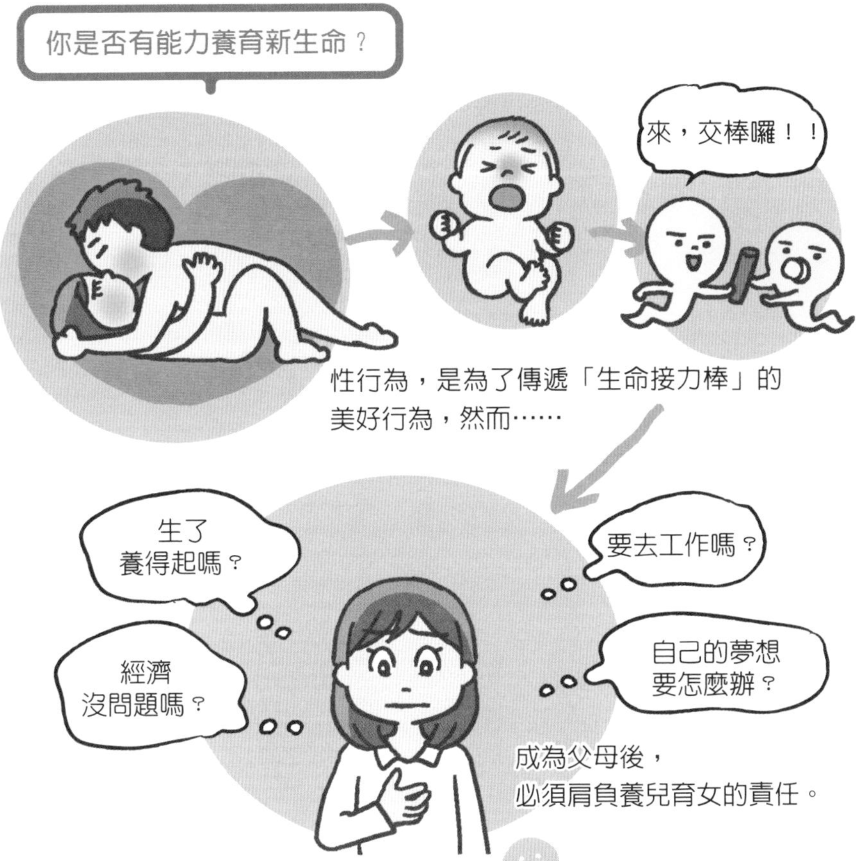
你是否有能力養育新生命？
來，交棒囉！！
性行為，是為了傳遞「生命接力棒」的美好行為，然而……
生了
養得起嗎？
經濟
沒問題嗎？
要去工作嗎？
自己的夢想
要怎麼辦？
成為父母後，
必須肩負養兒育女的責任。

對我來說
還太早了。
對啊，
對啊！

身心靈發展未全，缺乏穩定的環境，難以養育身強體健的孩子。

答案 ❸ 身心靈發育健全之後

還沒做好生養孩子的準備，就沒有資格生育。

Q42

只與命定伴侶進行親密行為，就沒有罹病風險？

① 仍有機會罹患性病　② 不會得病

開啓保險套防護罩，阻隔性傳染病

「性傳染病」指的是與他人親吻、性交等親密接觸時，遭受感染的疾病。性傳染病有許多種類，如後天免疫缺乏症候群（AIDS，俗稱愛滋病）、單純疱疹病毒（HSV）、披衣菌性病（Chlamydiatrachomatis）及淋病等，其他還有可能引發重症、留下後遺症，甚至死亡的可怕疾病。

後天免疫缺乏症候群（AIDS）是感染了人類免疫缺陷病毒（HIV）引起的疾病，特徵是得病到發病之間的潛伏期長達5～10年。感染這種病毒會使人缺乏免疫力，容易罹患各種疾病。主要藉由血液、母乳等液體傳染，位居臺灣之冠的傳播途徑是性行為。

只要經歷過一次性行為，都有可能得到性傳染病。大部分的性病沒有自覺症狀，因此難以立即發現自己感染，也容易在無意間傳播給他人，使疾病擴散開來。懷疑自己染病時，請立即到醫院接受身體檢查。

性傳染病不是絕症，治療後大多都能康復，但絕不能因此漠視預防的重要性。正確配戴保險套（第112頁），將性傳染病的機率降低！

出處：愛滋病預防基金會「HIV/愛滋病的基本知識」HIV和人權中心手冊。

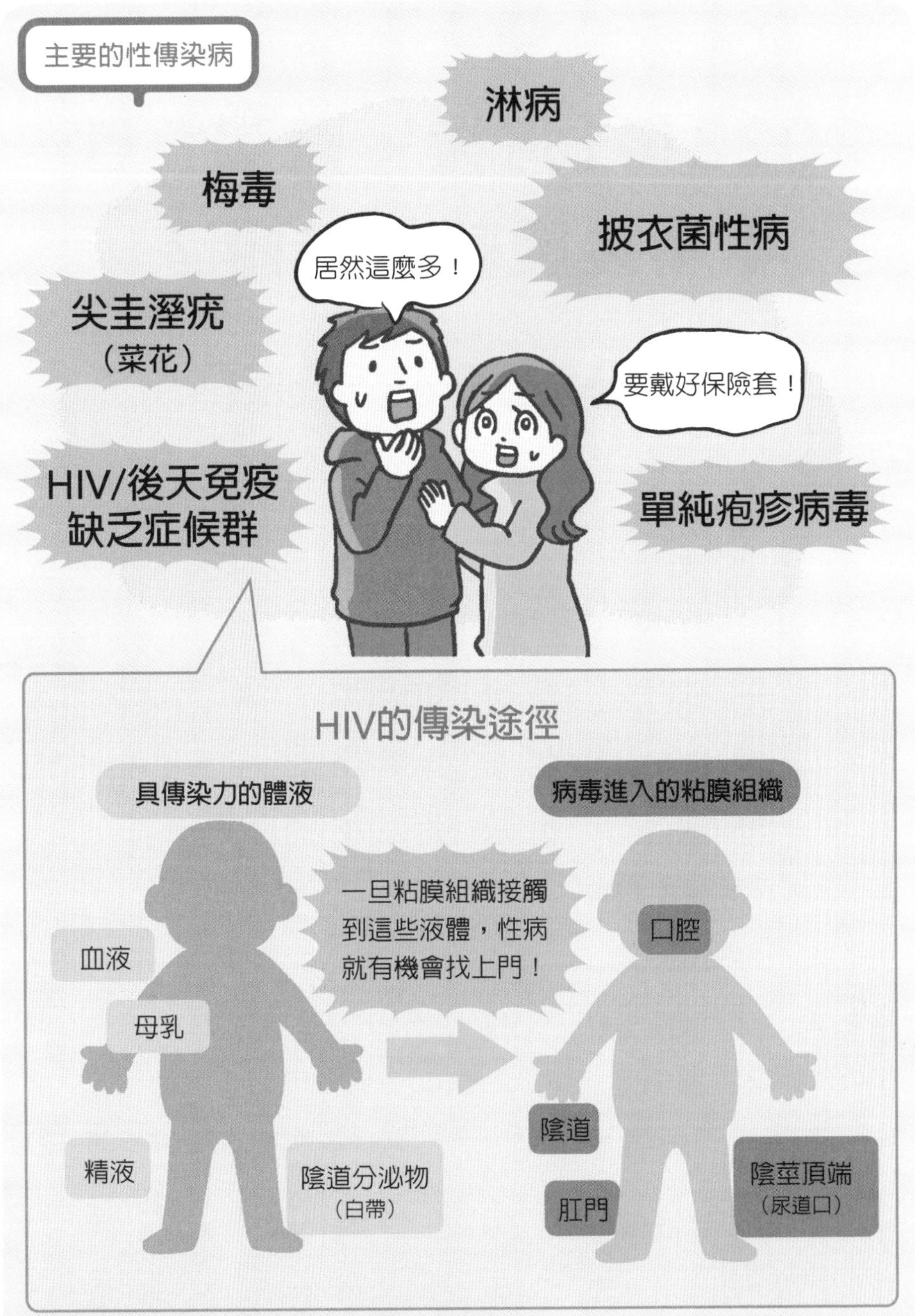
主要的性傳染病
淋病
梅毒
披衣菌性病
居然這麼多！
尖圭溼疣
（菜花）
要戴好保險套！
HIV/後天免疫
缺乏症候群
單純疱疹病毒
HIV的傳染途徑
具傳染力的體液
病毒進入的粘膜組織
一旦粘膜組織接觸
到這些液體，性病
就有機會找上門！
血液
母乳
精液
陰道分泌物
（白帶）
口腔
陰道
肛門
陰莖頂端
（尿道口）

答案 ❶ 仍有機會罹患性病

只要有過一次性經驗，
任誰都有感染的風險。

Q43

2023年1月後，臺灣女性年滿幾歲就能結婚？

❶ 16歲　❷ 18歲　❸ 20歲

不斷提高臺灣女性結婚年齡的背後原因

從前，臺灣民法規定男生年滿18歲、女生年滿16歲就能步入婚姻。而從2023年1月起，無論男女都「必須年滿18歲」才能結婚。

回溯到西元1929年，當時民法規定滿20歲成年，而現代人們身心發展不同以往。對於成年的定義有所調整，因此2023年1月1日起民法成年年齡下修至18歲。為了順應成年年齡下修，且男女在法律面前應該平等、避免女性過早結婚生育，提高女性的結婚年齡。

自古以來女生的結婚年齡總比男生小的原因或許是認為女生的「身體與心智較早熟，可以趁早結婚、生小孩」。的確，直到不久前，傳統社會仍流行「男主外、女主內」的風氣。但現代人人共享求學、勞動、家務、育兒的權利與義務，男女平權的思維逐漸吹散過去的社會習慣。

法律也與時俱進，因此無論男女，結婚年齡一律為18歲。

我想要知道更多！

長大「成人」的年齡也不一樣了！

2023年1月起，臺灣法定成年人的年齡從20歲下修至18歲。成年後，如申辦門號等，能自己作主的事情變多了；相反地，得承擔的責任也增加了。

幾歲可以結婚呢？

由於臺灣成年人的法定年齡下調至18歲，女性的結婚年齡因此配合上修至18歲。

答案 ❷18歲 原本為16歲，修法後，與男生一樣都是18歲。

Q44

哪一項運動最適合女生？

❶ 芭蕾　❷ 足球　❸ 都可以

社會與文化創造的刻板印象

你有沒有被人訓斥過：「男兒有淚不輕彈！」「女生就該端莊賢淑！」

「像男子漢」、「有女人味」並不是人們與生俱來的特質，而是社會與文化塑造的普遍印象，如同人們的期許也有性別差異，像「男生要賺錢養家，女生要相夫教子」。這種社會與文化造就的男女差異，就是「性別刻板印象」。

我們時常先考慮性別，再採取行動或決定扮演的角色，甚至對不同性別給予雙重標準。但是世上的一切都不該被性別左右，尊重每個人的想法與能力，才能建立一個任何人都能活出自我的社會。為此，當我們在生活中發現性別不平等的現象時，要勇於糾正，社會就會更加美好。

我想要知道更多！

日本是男女性別落差最嚴重的國家？

世界經濟論壇（WEF）每年都會發表測量世界各國性別差距的報告——性別落差指數（GGI）。2021年，日本在156個國家中排名第120名，同時也是已開發國家最後一名。根深蒂固的性別差距已成了巨大的社會問題。

註：臺灣在2021GGI排名為第38名。

男子氣概或女人味是什麼？
男子氣概
普遍的印象
女人味
健壯可靠
活潑好動
有勇氣
偏愛藍色
賺錢養家
溫柔賢淑
嬌弱
偏愛粉色
端莊矜持
相夫教子、做家事
但其實……一起打破性別刻板印象的限制！
喜歡粉色！
勝利屬於我！

答案 ❸ 都可以

「男子氣概」、「女人味」放一邊，
盡情享受自己熱愛的運動！

Q45

人類有幾種性別形式？

❶ 只有身體上的性別差異　❷ 多不勝數

人們心目中，都有自己的理想性別

我們所認為的「性別」，不應該侷限「男女」生理構造上的差異，好比彩虹的色彩變化多端，性別的多樣性也十分繽紛。

主要可以從以下四個面向切入討論性別。

第一個是「生理性別」，這是生物學根據生殖器官、性染色體（第96頁）等要素定義的性別。

第二個是「心理性別」。自己的性別由自己來決定，這個觀念就稱為「性別認同」。就像是「跨性別者」（transgender），生理性別是男生（女生），心裡卻認為自己是女生（男生）。

第三種是「性傾向」（喜歡的性別），也就是自己會對哪種性別抱持戀愛情感或是性的欲求。女同性戀（Lesbian）、男同性戀（Gay）、雙性戀（Bisexual）及無性戀（第126頁，Asexual）都是性傾向的一種。

最後是「行為表現的性別」，稱為「性表現」，意思是一個人的穿著打扮、用字遣詞、行為等，比較偏向哪個性別。

一百人會有一百種詮釋性別的方式，沒有人能為你決定性別，更不能否定你的想法；同時，我們也得學習尊重每個人的性別。

四種性別

生理性別

我是男子漢！

生物學定義的性，也是你我最常聽見的性別定義。

心理性別

我是
哪一派咧？

你覺得自己是什麼性別呢？有些人的生理性別與心理性別並不相同。

性傾向

我可能
喜歡他……

你會對哪一性別的人抱有戀愛（或性）的憧憬。也有人喜歡同性，或者愛情沒有性別之分。

性表現

我比較想穿裙子。

反應在穿著打扮、用字遣詞等行為表現的性別。

答案 ❷ 多不勝數

就像每個人都是獨立的個體，性也有豐富的多樣性。

Q46

哪個族群喜歡的對象是男生？

❶ 女生　❷ 男生　❸ 兩者皆有

LGBTQ是什麼？

L 女同性戀（Lesbian）

認為自己的性別是女生，同時也喜歡著女生。

G 男同性戀（Gay）

認為自己的性別是男生，同時也喜歡男生。

B 雙性戀（Bisexual）

喜歡的對象不分男女。

T 跨性別（Transgender）

覺得自己的心理性別與生理性別格格不入，想改變生理性別生活。

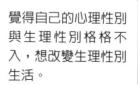

性別多樣性，造就更美麗的世界

大家有沒有聽過LGBTQ這個詞彙呢？

LGBTQ就是將女同性戀（喜歡女生的女生）、男同性戀（喜歡男生的男生）、雙性戀（同時喜歡男生、女生）、跨性別者（心理性別與生理性別不同的人）以及疑性戀（無法定義自己性別的人），這幾個名詞的英文第一個字母重組後的單詞，屬於「性少數」族群。其他還有各種性別族群，如無性戀（對性及戀愛沒有興趣的人）等。

性別不再只有男女，而是存在如此豐富的多樣性。

位於東南亞的泰國，甚至有高達18種官方性別。

雖然男女性別仍深植在傳統社會，難以撼動，但是，好比世界上有形形色色的人類，多樣化的性別觀念，值得人們發揚光大。

LGBTQ

Q 疑性戀（Questioning）

不明白自己是何種性別，也無法決定自己的性別。
除了LGBTQ以外，還有很多種性別哦。

答案 ❸兩者皆有

世界上有喜歡男生的男生，也有喜歡男生的女生。

我想要知道更多！

護照上新增的「X」記號

2021年10月，美國首度發行了新的護照，不想在護照性別欄標註男性或女性的人，多了M（男性）與F（女性）以外的新選項——「X」。

Q47

世界上有多少國家或地區承認同性婚姻？

❶ 約10個　❷ 約20個　❸ 約30個

臺灣已經通過同性婚姻的法案

放眼全世界，能接受性少數族群（sexualminority）的國家愈來愈多。禁止差別待遇、承認同性婚姻等，逐漸打造出一個友善性少數的社會環境。

同性婚姻，意思是女生可以跟女生結婚，男生也能與男生組成家庭。1989年，丹麥通過「同性註冊結婚關係」法條，成為世界上第一個賦予同性伴侶結婚權利的國家。而後，2001年，荷蘭也通過同性婚姻的法律。

近年來，承認同性婚姻的國家愈來愈多，現在已有約30個國家或地區通過同性婚姻（截至2021年9月）。西元2019年，臺灣也加入承認同性婚姻的行列。

那日本的情況呢？像東京都的澀谷區與世田谷區一樣，建立「同性伴侶制度」的地方自治體雖日漸增多，但國家仍未准許同性婚姻。

像男生愛女生，女生愛男生，喜歡同性的族群也應該獲得自由戀愛的權利。以年輕人為首，愈來愈多人渴望社會能尊重多元性別、承認同性婚姻。

出處：EMA Japan網站等。

承認同性婚姻的國家、地區愈來愈多

同性婚姻 男生可以跟男生結婚，女生可以跟女生組建家庭。

我跟他
也能結婚！
我跟她
也能結婚！
新婚誌喜！
可喜可賀！

同性婚姻的歷史脈絡

1989年　丹麥
建立世界首見的「同性註冊婚姻關係」法條，賦予同性伴侶結婚的權利。

2001年　荷蘭
世界上第一個通過同性婚姻法案的國家。

2015年11月　日本
東京都澀谷區與世田谷區，地方政府承認「同性伴侶制度」。

2019年5月　臺灣
亞洲地區第一個通過同性婚姻法案的國家。

2019年9月至今
約有30個國家已通過同性婚姻法案。

同性的伴侶在臺灣
可以結婚。

答案　❸ 約30個　從荷蘭開啓同性婚姻先聲，而後約有30個國家相繼跟進。

子宮頸癌與HPV疫苗

「子宮頸癌」容易找上20歲至40餘歲的女性。
接種疫苗，別讓將來留下遺憾。

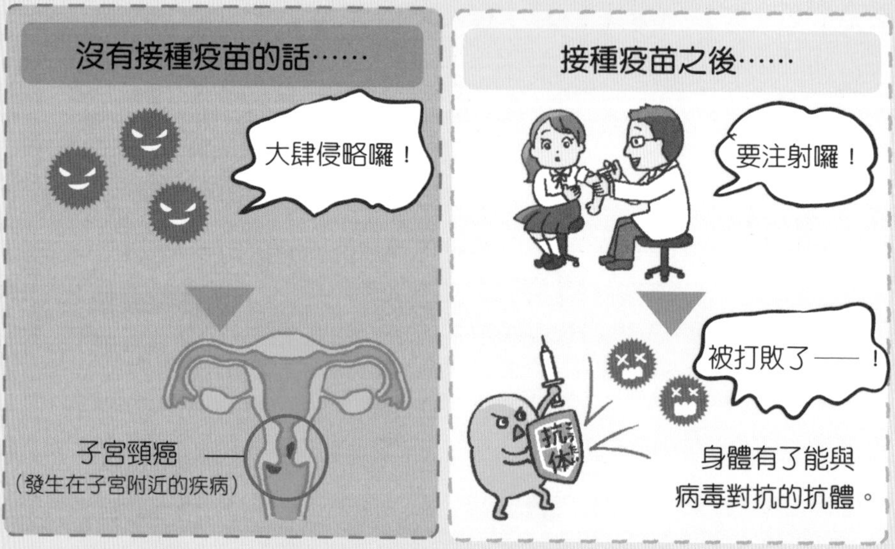
沒有接種疫苗的話……
大肆侵略囉！
子宮頸癌
（發生在子宮附近的疾病）
接種疫苗之後……
要注射囉！
被打敗了——！
抗體
身體有了能與
病毒對抗的抗體。

每天都有8個人因子宮頸癌告別人世

感染HPV（人類乳突病毒），就會機會招來「子宮頸癌」。每年約有1萬人罹患子宮頸癌，約3000人因此失去生命。有不少人摘除子宮後，才得以保住生命。

HPV病毒透過性接觸傳染。數據指出，有性經驗的人，約有50%~80%感染人類乳突病毒，但大部分都會自然痊癒。只有少部分的患者，會因子宮入口的細胞感染HPV病毒，進而惡化成子宮頸癌。

能有效預防子宮頸癌的方式是接種「HPV疫苗」。普遍認為最佳接種時機是還沒有體驗過性行為的青春期，只要接種三劑疫苗，預防子宮頸癌的機率可提高至88%。在日本，小學六年級至高中一年級的女生可公費接種疫苗（臺灣是國一女生可以公費接種。）與家人分享資訊，評估疫苗接種吧！

Part

3

守護身心靈的五大守則

本章將傳授五大祕笈，
幫助大家遠離身心靈的危害。
一起來學習保護自己的訣竅吧！

FIVE RULES

遠離性犯罪的魔爪

每個人都想一生活得平安沒煩惱，離性犯罪愈遠愈好。然而，性犯罪者總在生活中虎視眈眈、尋找獵物。別怕，只要擁有正確的知識，就能逃離伺機而動的犯罪行為。

不亂跟陌生人走

我們都曾被告誡過：「不可以跟奇怪的人走。」但想從一個人的外表判斷他「奇不奇怪」，根本難如登天！且記，就算對方看起來親切和善、幽默風趣，也不要隨意答應陌生人的邀請喔。

危險藏在你身邊

大部分案例中，性犯罪的兇手不是陌生人，而是認識的「熟人」所為！常見的手法像，表面問你「要不要看可愛的小動物」，想藉機圖謀不軌；或騙說「你媽媽出車禍被送到醫院」，實際上要開車把你拐走。無論是不是陌生人，萬萬別忘記，有人試圖帶走你，其中可能藏危險！

感到不對勁時，要大聲說「NO」

亂摸你的身體，滿嘴不得體的話，甚至暴露生殖器官……

讓別人覺得不舒服的行為，都是一種「性騷擾」。或許你害怕說實話會「被討厭」或「惹怒他人」，因而獨自隱忍。拋開這些顧慮吧，感覺自己被冒犯時，要大聲說「住手！」同時向他人求助。

男生也是性騷擾的被害者

性犯罪的被害人不只女生，連男生都可能遭受魔爪。有人試圖把你帶到人煙罕至的地方，或想拍攝你的裸照，請大聲呼救、立刻逃離現場。別因為相同性別就放鬆戒心，輕易相信他人。

我想要知道更多！

深不見底的網路陷阱

打破國界、聯繫四方的網路是相當便民的發明。然而，網路裡到處暗藏有害資訊，甚至是犯罪的源頭。希望大家能特別對ＳＮＳ（網路社群）與網路平台保有戒心。隨便將姓名、照片、生活影片上傳到ＳＮＳ，會讓素未謀面的不肖份子得知重要的隱私。而且也更容易受到社群網友或遊戲網友的誘騙，成為性犯罪事件的獵物。

FIVE RULES

懂得感同身受，體諒他人

我們會在青春期撞牆、困惑不已，與此同時，任性的心理即將畢業，準備蛻變成懂得為他人著想大人了。待人接物富含「同理心」，是成為大人的路途上，十分重要的關卡。

不拿身體特徵開別人玩笑

想像一下，如果有人對你感到愛恨參半的身體特徵大開玩笑，你會有什麼樣的心情？己所不欲、勿施於人。即便只是嘴上開玩笑，也可能在他人心中劃下深刻的傷痕。

嚴守自己的「泳衣領域」

男生也好，女生也罷，「泳衣領域」（嘴巴、胸部、屁股與生殖器官）是專屬自己的「神聖之地」。就算是朋友，也要尊重對方隱私，不能隨意觸摸、偷看泳衣領域。相同地，我們也不能隨意暴露私密處，更不允許他人觸碰自己的泳衣領域。

性別刻板印象的思維，已經落伍了

我們認知的男子漢與女人味，是時代與環境背景塑造出的陳舊觀念。掙脫性別的桎梏，正視自己的心情，擇己所愛，愛己所擇。同時，也得尊重他人的選擇與感受。無論是誰，自己的選擇獲得認同，都會由衷地感到喜悅。

接受性別的多樣性

男生喜歡男生，女生與女生陷入熱戀，一點兒也不奇怪。因為，「愛」有各種各樣的表現形式。大家一起建立一個友善多元性別的社會吧。

我想要知道更多！

拒絕當霸凌的「加害者」

剛開始可能只是朋友間的捉弄與惡作劇，當玩笑愈來愈沒節制，就會演變成「霸凌」事件。攻擊他人身體特徵或性格，會為別人留下難以治癒的傷口。別以為朋友就沒關係，只要讓人感覺「被欺負」，就是實在的「霸凌」。我們當然得把自己放在生命的第一順位，不過，換位思考「這麼做的話，對方會有什麼感受」，也是行走社會的必要行動喔。

FIVE RULES

為身心靈的煩惱所困時該怎麼辦？

青春期是不得不與身體、心靈巨變直球對決的時期。或許會有心事誰人知的感慨，獨自懷抱煩惱憂愁，但這是每個成熟大人的必經之路。

不與他人比較，做自己最好

胸部大小，身高高矮，經歷初經或初精的早晚……你是否曾覺得自己矮人一等，從而感到心情低落、煩惱不已呢？每個人的成長步調有快有慢，現在百般困擾你的問題，或許過了幾年就煙消雲散，忘得一乾二淨。請大家盡情享受這段創造自己個性的時期吧。

爸爸、媽媽是成人界的大前輩

煩惱找上門時，可以先尋求爸爸、媽媽的意見，他們都是青春期的過來人，一定願意傾聽青春的苦惱，也懂得我們的焦慮。不好意思對家人開口的話，尋求學校老師或輔導室的幫助也是一個解決良方。

喜歡自己的身體與內心

如同每個人的長相都有自己的特色，心靈也有不同風景。一百個人有一百種不同的個性，且具有一百種獨特的魅力。要積極樂觀地走在青春期這條通往大人的道路，也別忘記自己是世界上絕無僅有、無可取代的生命。

煩惱是長大的必經之路

青春期會滿溢著各式各樣的煩惱，諸如身體成長、戀愛關係、家族情感、人際關係。當中沒有一個是多餘的煩憂，個個都是長大成人的重要階段。或許難免感到受傷、憂愁，但千萬不要過度否認自己，你不是一人單打獨鬥，身邊的親朋好友都能為你指點迷津。

我想要知道更多！

揮之不去的憂慮，就交給「醫生」吧

當你一直覺得「身體哪裡怪」，先跟爸爸、媽媽聊聊吧。如果煩惱沒獲得改善，不妨到診所諮詢醫生的專業建議。很多人以為只有懷孕或身體不適才能到婦產科或泌尿科看診，但其實醫生都能幫忙診斷整體身體狀況。近年來，有些醫院也開始針對小學至高中生設置特殊門診，專門處理兒童、青春期的身心靈煩惱。

FIVE RULES

愛護自己，珍愛他人

「喜歡」是什麼樣的的心情？解答戀愛甘酸味戀愛中，要保有自我，重視自己感受，同時有一顆體貼他人的心。專注眼前的對象，談一場超棒的戀愛吧！

愛情是人類的自然本能

遇見天命之人、被異性盯著看會羞赧到語無倫次……青春期來臨，愛情也萌芽了。戀愛是心裡總住著某個人，希望對方也能對自己傾注愛意的心情。我們會主動設身處地為對方著想，並在感情裡磨練自己的心性。

我不是異類，只是「不想談戀愛」

雖說談戀愛是人類的本能，但也不是每個人到了青春期都會嚮往談感情。成長的路上，也能全心投入戀愛以外的興趣，認真培養自己，像運動、讀書。假如你還沒遇見心儀的對象，靜靜等待天命出現，也別有一番享受。

珍視彼此的心情

情竇初開，小倆口是不是會非常渴望親吻對方或更進一步？雙方同意的親密接觸，就是「合意性交」的行為。觸碰對方前，一定要先徵求伴侶同意。情侶之間，不顧對方的意願，對他人身體恣意妄為，都是不可原諒的「性暴力」行為。

別著急發生性行為

想與喜歡的對象發生親密關係，是非常正常的慾望表現。但也別忘記，性行為不僅有懷孕的可能，也伴隨性傳染病的風險。

若你還沒掌握正確的避孕方法，別急著發生親密關係，等身心靈都成熟，長大成人後再體驗也不晚。

喜歡我，就答應
跟我發生關係嘛！
NO!

我想要知道更多！

培養內在美，成為超級人氣王

萬人迷有什麼特徵？「高個子」、「很潮」等外觀條件或許都是受歡迎的因素，不過，你不覺得與人和善、體貼的人更加有魅力嗎？

注重外表當然重要，但想搏得意中人的青睞，內在美至關重要！雕琢自己獨有的個性，總有一天會找到與你心意相通的靈魂伴侶！

FIVE RULES

聰明過濾錯誤資訊！

日常生活中，充斥著令人眼花撩亂的大量資訊。一起學習篩選必要資訊、打破謠言，成為掌握正確訊息的成熟大人吧！

不要誤信網路情報

「學校不教、爸媽不講」的交流方式，使孩子遇到「性」煩惱時，愈來愈習慣上網尋找解答。但是，要從資訊量爆炸的網路撈出正確答案著實不易。蒐集資訊絕不能囫圇吞棗，當心讓自己走入危險之中。

情色影片塑造的「性幻想」

或許你曾看過情色書刊或成人影片，但是這些性行為或戀愛的橋段，都是捏造出來的劇本，也是與現實脫節的虛構情節。別入戲太深，誤信錯誤的性知識！

有人早熟，也有人慢熟

每個人面對青春期的成長歷程都截然不同。相同的，男孩的初精、女孩的初潮報到的時機也各有早晚。別為自己的發展步調感到焦慮，依循自己的步伐，安心長大就好。

朋友提供的資訊可靠嗎？

進入青春期後，我們多少會跟朋友八卦性事。不過，朋友們理解的性知識，或許是網路等媒體流傳的謠言，可能參雜不實的錯誤資訊。除非是有科學根據的事實，其他來源都不可靠！

我想要知道更多！

找家人談論性話題吧！

正往大人的階段成長的各位，或許有不少人會覺得跟家人談性事是難以啓齒。但能對你的心情感同身受，聽你傾訴煩惱，並在必要時刻伸出援手的人，正是周遭最親愛的家人們。當你有任何與身體、心靈相關的煩心事，千萬別獨自煩惱，快找家人談談吧。不管是爸爸還是媽媽，他們跟你一樣的大的時候，搞不好也碰過相同煩惱呢。

現在連結未來・自我探索筆記

實現夢想的首要之務就是了解自己。
一起提筆寫下探索筆記，當下的自我造就了未來的你！

步驟1 勇敢愛自己

你心目中的「自己」是什麼模樣呢？請在左側欄位寫下對自己的印象。如果答案是負面的形容詞，請在右邊欄位給自己正向的鼓勵。正面思考，就能找出自己的「個性」。

範例

你是什麼樣的人？		給自己正向的鼓勵
樂觀、充滿朝氣	➡	保持原樣就OK
老實好欺負	➡	我很沉穩，為他人著想
任性	➡	我勇於正視自己心情

你是什麼樣的人？		給自己正向的鼓勵
	➡	
	➡	
	➡	
	➡	
	➡	
	➡	

步驟 2 描繪未來的夢想！

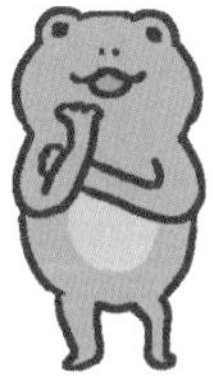

你的理想是什麼呢？現在的興趣、專長會引領你走向夢想的未來。試著回答下列問題吧！

你的興趣、拿手的專長是什麼？

範例： 喜歡梳妝打扮

長大之後，想從事什麼樣的工作？

範例： 服裝設計師

為了達成夢想，現在的我可以做什麼？

範例： 努力念書，考上有服裝設計課程的學校

國家圖書館出版品預行編目（CIP）資料

連大人也不懂？性教育圖鑑/野島那美監修；曾盈慈譯. -- 初版.
-- 臺中市：晨星出版有限公司, 2023.08
面； 公分
譯自：大人も知らない!?：性教育なぜなにクイズ 鑑
ISBN 978-626-320-411-9(平裝)

1.CST: 性教育 2.CST: 性知識 3.CST: 問題集

544.72022 111010880

大人も知らない!? 性教育なぜなにクイズ図鑑

連大人也不懂？性教育圖鑑

監修 野島那美
裝訂、內文設計 喜來詩織（entotsu）
插畫 藤井昌子
撰文、編輯 岩佐陸生
DTP LOOPS PRODUCTION
譯者 曾盈慈
企劃選題 陳品蓉
封面設計 高鍾琪
美術編輯 陳佩幸
負責人 陳銘民
發行所 晨星出版有限公司
行政院新聞局局版台業字第2500號
地址 台中市407 工業區30 路1 號
電話 04-2359-5820 傳真 | 04-2355-0581
Email service@morningstar.com.tw
網址 www.morningstar.com.tw
法律顧問 陳思成律師
郵政劃撥 15060393 知己圖書股份有限公司
訂購專線 02-23672044
印刷 上好印刷股份有限公司
初版 西元2023年8月20日
定價 新台幣280元

ISBN 978-626-320-411-9